销售

李昊轩 著

SALES PSYCHOLOGY

心理学

天津出版传媒集团

天津科学技术出版社

图书在版编目（CIP）数据

销售心理学 / 李昊轩著. -- 天津 ：天津科学技术出版社，2019.6

ISBN 978-7-5576-5855-7

Ⅰ. ①销… Ⅱ. ①李… Ⅲ. ①销售－商业心理学 Ⅳ. ①F713.55

中国版本图书馆CIP数据核字(2018)第298583号

销售心理学

XIAOSHOU XINLIXUE

责任编辑：方　艳

出　　版：	天津出版传媒集团
	天津科学技术出版社
地　　址：	天津市西康路35号
邮　　编：	300051
电　　话：	(022) 23332695
网　　址：	www.tjkjcbs.com.cn
发　　行：	新华书店经销
印　　刷：	大厂回族自治县彩虹印刷有限公司

开本 710×1000　1/16　印张 14　字数 190 000

2019年6月第1版第1次印刷

定价：42.00元

前言
PREFACE

销售的秘密，就在读懂客户的心理 >>

为什么客户会对一件产品情有独钟？

为什么客户会改变主意选择其他产品？

为什么客户会最终选择相信一个陌生人？

……

我们都知道，要想钓到鱼，选择合适的鱼饵非常关键，因为不同种类的鱼对鱼饵的喜好也不同。此时，你就必须得站在鱼的角度去思考它们喜欢吃什么，然后根据鱼的喜好选择在钩上挂什么鱼饵，这样你才有可能钓到鱼。

同理，作为一名销售员，你要想赢得客户的选择，也必须站在客户的角度思考问题，知道他心里想什么，这样你才能更好地提升你的销售业绩。

销售行业有一句名言："成功的推销员一定是一个伟大的心理学家。"可见，谁读懂了客户行为背后的心理，谁就可以获取利润；谁预知了客户心里潜在的行为，谁就可以抢占先机。所以，作为21世纪销售领域的从业者，如果你不了解客户的行为，不清楚客户的心理，无异于特种兵上了战场才发现自己带了一件尚不会操作的智能化武器。

美国的一项调查表明，那些顶尖销售员的业绩通常是一般销售员业绩的300倍，而那些人也并非个个都能言善辩，相同的是他们都拥有通往成功的方法。尽管他们所拥有的那些方法可能不完全相同，但却有一个共同之处，那就是他们都洞悉客户的心理。

在每一次成功的销售当中，销售员从一开始接触客户到完成交易，他所需要的不仅仅是细致的安排和周密的计划，更需要和客户进行心理上的交战，从这个角度讲，销售不仅仅是销售员与客户之间进行商品与金钱的交换那么简单，更是一场销售员与客户之间心与心的互动与博弈，需要销售员掌握并利用好心理学。销售员要想赢得订单，就必须成为这场心理战的赢家。

销售与人有关，最不能忽视的就是人的心理。所以，在当今竞争日趋激烈的销售领域，谁能抓住客户的心，取得客户的信任，谁就最有可能成功。

事实上，销售高手往往都是研究心理学的高手。美国著名图书推销员比恩·崔西说过："我能让任何人买我的图书。"他之所以这么说，是因为他明白一个道理：要想让一个人心甘情愿地去做一件事情，首先必须要让这个人心情愉悦，而让对方愉悦的唯一途径就是了解其心理。只有掌握了客户的心理，才能在迅速变化的市场中占有一席之地。

这就是销售，它考验的是人的意志，锻造的是人心。销售是一场心理战！销售是心与心的较量！销售员在这一过程中需要综合学习，进而不断地认识自己、沉淀自己，以便更高效地协助客户买到他们心仪的商品或服务。抱着这样的心理去工作，你会发现你的工作将容易得多。

本书以心理学知识作为理论基础，引证了许多经过科学验证的心理实验，汇集了大量相关的销售实战案例，提炼出各种在销售中卓有成效的心理策略，并提供行动建议，相信会对销售员的工作有很强的指导作用。

当然，不管怎么说，你都应该努力奋斗，因为正如书中所说："只有奋斗才是唯一出路。"希望本书能够指导你的销售生涯，助你成功！

目录
CONTENTS

上篇 客户是谁：客户心里都在想些什么

第一章 读懂客户心理，解读购物奥秘

摸清"上帝"到底是怎么想的　　004

顾客都想享有VIP待遇　　007

顾客都担心上当受骗　　010

人人都有从众心理　　015

为什么人们喜欢追求名牌　　019

顾客要的就是占便宜的感觉　　022

顾客心中都有一个价格　　026

顾客偏喜欢与销售员"对着干"　　029

第二章 解读客户的肢体语言，了解其真实意图

眼睛是客户赤裸裸的内心表白　　034

眉语是顾客的第二张嘴　　038

头部动作往往先于决策　　042

手部动作是客户内心活动的"心电图" 045

"脚语"有时比"手语"更值得信赖 051

坐姿中蕴藏的玄机 057

空间距离映射心理距离 061

折射在酒中的客户心理 064

从吸烟看客户的性格特征 069

中篇 顾客吸引力：顾客是如何被吸引的

第三章 销售赢的是心态

用微笑拉近彼此间的心理距离 076

注意倾听，恰当把握客户的需求 080

稳中求胜，让顾客变主动 084

让客户多说肯定的话 089

快速找到客户的兴趣点 093

多利用惯性思维引导顾客 097

让顾客的借口说不出来 100

适当给顾客一些紧迫感 104

第四章 读懂客户心理，拉近彼此的心理距离

用热情留住老顾客的心 108

站在客户的角度思考问题 112

用真诚赞美你的客户 116

把握体验心理，让客户早做决定 120

积极回应并解决顾客的抱怨 124

用正确的态度对待投诉 128

即使顾客无理，也不能失礼 133

下篇 绝对成交：金牌销售的攻心秘籍

第五章 销售中你必须知道的心理定律

原一平定律：要有百折不挠的坚强心理 140

哈默定律：天下没什么坏买卖，只有蹩脚的买卖人 145

奥纳西斯定律：把发展客户的工作做在别人前面 150

奥新顿法则：你关照客户的心，客户就关照你的生意 154

二八定律：善于抓住最重要的客户 157

伯内特定律：让产品在顾客心中留下深刻印象 163

二选一法则：把成交的主动权掌控在自己手上 165

三分之一定律：顾客最可能在一条街的三分之一处成交 169

斯通定理：视客户的拒绝为成交机会 171

第六章 销售员必知的心理学效应

焦点效应：让顾客觉得自己很特别 178

互惠效应：拿人家的就会手短 183

人性效应：比商品更重要的是人性 186

权威效应：顾客更信赖专家式的销售员 189

稀缺效应：短缺会促使商品升值　　193
折中效应：报价要留有余地　　197
老虎钳效应：你再加点，生意就成交　　200
退让效应：让顾客感到愧疚地让步　　203
创新效应：打破常规，出奇制胜　　206

附录 80后、90后顾客消费行为的特点

客户是谁：
客户心里都在想些什么

- 读懂客户心理，解读购物奥秘
- 解读客户的肢体语言，了解其真实意图

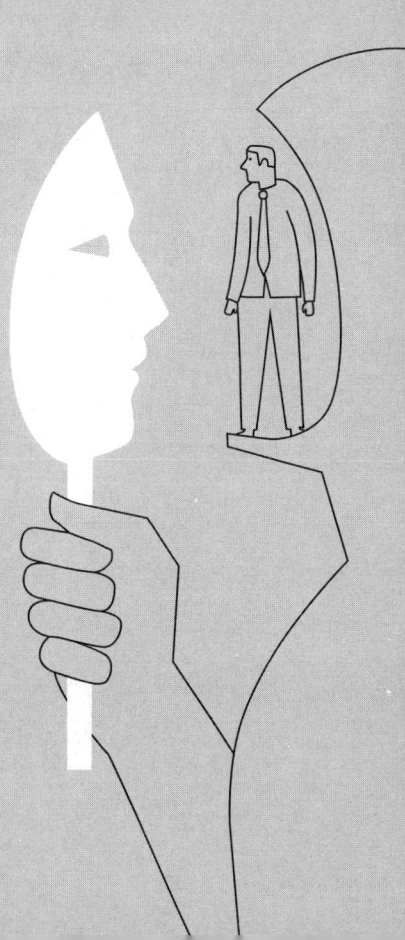

第一章

读懂客户心理，解读购物奥秘

客户心理如同自然界的天气，千变万化但又有规律可循。只有看懂客户的内心世界，提前对其活动做一番预判、梳理，才不至于临阵心慌。好的销售员，只会临阵磨枪；优秀的销售员，讲究知己知彼；精英销售员，知道未雨绸缪。

摸清"上帝"到底是怎么想的

俗话说:"要想钓到鱼,就要像鱼那样思考,而不是像渔夫那样思考。"这样的道理同样适用于销售。

作为一名专业的销售员,要想提高自己的销售业绩,就得学会站在客户的角度思考问题。客户既追求商品的使用价值,又追求精神上的高雅。他们希望受到销售员的欢迎和热情友好的接待。

然而,在现实中很多销售人员没有注意到这一点,他们往往喜欢站在自己的立场思考问题,只想着尽快完成销售环节,从而完成自己的工作。这样做只能让客户离你而去。

心理学家研究发现,客户在成交过程中会产生一系列复杂、微妙的心理活动,包括对商品成交的数量、价格等问题的一些想法及如何与你成交、如何付款、订立什么样的支付条件等问题。客户的心理对成交的数量甚至交易的成败,都有着至关重要的影响。因此,优秀的销售员都懂得对客户的心理予以高度重视。从这个道理上讲,客户就是你的上帝。销售员可以利用客户这一心理,做到"服务客户至上,追求利润次之",把客户当上帝一样,抓住客户的心,照顾好自己的客户,客户才会关照你的生意,从而让你提高销售业绩并获得更大的市场。

一般工作经验丰富的销售员在与客户初步交谈之后，就能判断出客户处于哪个阶段，知道客户到底会不会买该产品，如果买，什么时候可能买，销售员会依据客户所处阶段的不同而做出相应的反应。如果销售员对客户所处阶段把握不准，很可能会在这一阶段出现一些不恰当的行为，那么下一阶段的活动就很难进行。

销售员在推销产品的过程中要把握在什么阶段、什么样的情况下采取什么样的方式和行为。只有把握好客户的购买心理，才能促使销售行为按照自己的设想顺利完成。

乔·吉拉德是吉尼斯世界纪录大全认可的世界上最成功的推销员，连续12年荣登世界销售第一的宝座。他所保持的汽车销售纪录——连续12年平均每天销售6辆车，至今无人能破。下面是乔·吉拉德一次成功的推销经历。

一天，乔·吉拉德像往常一样在展销厅推销他的汽车。这时进来一位中年女士，她说需要一辆福特汽车，颜色最好是白色的，因为她比较喜欢白色。刚才在对面车行，那里的销售员说现在没有，必须要等一个星期才行，所以她就想先随便转转。聊天中，中年女士还透露说，之所以今天购车，是希望可以把这辆车当作自己的生日礼物。

"哦，生日快乐！夫人。"吉拉德听这位中年女士说完，立刻诚恳地向中年女士表示了祝福之意，随后便带这位女士进入接待室，并递给她一份新车的宣传资料和一杯水，让她先休息一下并看看新车的资料，然后出去了一下。

一分钟后，吉拉德回来对那位中年女士说："女士，您喜欢的颜色是白色吗？现在我给您推荐一辆我们的新款汽车，希望您能喜欢。"聊了一小会儿，一位女工作人员走了进来，手里捧着一束鲜花，满脸微笑地递到中年女士的手中，并真诚地说："祝您生日快乐，女士！"

中年女士很吃惊，继而感动得眼泪都快要流下来了。"天哪，我的上帝，我都不记得上次收到花是什么时候了，已经很久没有人为我庆祝生日了"，中年妇女声音略带哽咽地说，"之前在另一家车行的那位销售员，估计是觉得我买不起，所以才对我不理不睬的，我想去看看样车，他却让我等一个星期再看，所以我才来你们这儿，其实你们的雪佛兰也不错。"说完，中年女士听了吉拉德的建议，爽快地签下了购车订单。

关怀是一种发自内心的真挚感情，情感的力量是强大的，有时候比商品本身、商业项目、交易规模都重要。"你越关心你的客户，他们就越有兴趣和你做生意。"一旦客户认定你是真正关怀他，真心为他考虑，他就会被感动而决定购买你的产品。

对于销售员而言，你要想让客户购买你的产品，就必须给客户一个购买的理由。这个理由就源自客户的内心！对于消费者而言，他们看重的是销售员对自己是否足够重视与尊重。客户作为"上帝"，他们当然希望销售员能给他们关怀和实惠。

因此，销售员不要只把"上帝"挂在嘴边，表面上不要表现得太虚，而要适当地给"上帝"一些实惠才行。只有真正体会到顾客这种思维的销售员，才是真正的销售高手。当然，掌握客户的心理并不是一件很容易的事情，这需要读懂客户心理。初涉销售行业者，不妨学习一些心理学知识，相信会对你大有裨益！

顾客都想享有VIP待遇

"Very Important Person"译成中文就是"高级会员、贵宾",简称为"VIP"。这是一些商家鉴于市场竞争激烈而想出的经营手段。凡是成为某个商家VIP会员的人,就可以享受到一些特有的优惠或者折扣,VIP会员还有消费返利、联谊活动、免费停车等特殊权利。如此一来,人们办理VIP会员卡,不仅仅是享受优惠,更涉及面子、身份、地位等。只要条件允许,没有顾客不希望自己享有VIP待遇。

杜小姐经常去一家商务会馆消费,于是,会馆的经理向杜小姐推荐了VIP会员卡。杜小姐觉得比较划算,就办理了一张会员卡。

一次,杜小姐请几个客户在那家会馆吃饭,吃完后杜小姐出示会员卡结账,服务员接过去一看,是老板签字的会员卡,服务得更加周到,不仅酒水按七折算,海鲜也打了八折,大堂经理还亲自送来一盘水果布丁,说感谢杜小姐对会馆的支持,并希望他们下次光临。这让杜小姐觉得自己在客户面前很有面子。

不可否认，人人都有虚荣心。让顾客感受到优待，不是简单地给对方发一张贵宾卡，或者让对方成为VIP会员，而是要在服务上做细，在态度上做精，让顾客真正地感受到你的热情，这样才能让他感受到贵宾级别的待遇。

现在越来越多的商家为顾客办理VIP卡，用打折、积分和优惠等活动来吸引顾客消费，同时给予顾客实惠。VIP卡的形式已经从商场扩展到各种各样的小商户，其种类也是各式各样。

据调查，办理VIP卡的人中有23％是为了满足自己的虚荣心，26％是因为商家推销而办理的，还有15％是抱着"别人有我不能没有"的心态办理VIP卡的。这个调查说明，顾客都想要得到VIP待遇，而推销成功与否，要看你怎样应对顾客的这种心理。

顾客都是有尊严和好面子的，这可能也是顾客对VIP卡情有独钟的原因。作为销售员一定要给予顾客尊严和面子，销售商品是为了赚钱，但是若只看到"钱"，而忽视了顾客的尊严，那么这样的销售员就不算高明。如果你不给顾客留面子，顾客也不会顾及你的情面。维护好顾客的尊严，才能与其处理好关系，最终实现销售的成功。

林语堂先生曾经说过一句很有意思的话："在中国，脸面比任何世俗的财产都宝贵。它比命运和恩惠还有力量，比宪法更受人尊敬。"确实如此，在中国社会中，面子代表着体面、人格，甚至是尊严。

事实上，顾客总是希望你能给他做一些"特殊"的安排，他们总是希望能够享受到VIP的服务。

丹尼是一家木材厂的老板。一天，他接到一个电话，对方焦躁愤怒、喋喋不休地抱怨他们送去的木材竟然有一大部分都不合格，决定拒收，并让丹尼赶紧过去处理一下。

丹尼放下电话，便连忙驱车赶往卸货地点。一路上他都在想，送过去的木材明明都是由他亲自检验过的，怎么会出现这么大的错误呢？要是以前，丹尼一定会拿出相关材料以证明对方指责的错误，证明自己提供的木材没有任何问题，如果这样，就算丹尼说的是对的，但对方如果坚决不让步，丹尼最终还是只能把木材运回来。不过这次丹尼正好刚参加完卡耐基的培训班，他决定学以致用，既不伤及客户的面子，又妥善解决这个问题。

到了卸货地点，对方的木材检验员正拿着一个本子，满脸愤怒地盯着丹尼。丹尼笑了笑，说："我们先去看看木材吧。"木材检验员把丹尼带到不合格的木材边上，丹尼仔细看了一会儿，并询问检验员不合格的理由，很快他明白了，对方把检验橡木的标准用在了检验杂木上。

为了不伤及检验员的面子，丹尼反复和他讨论这批木材的检验标准，让检验员了解，按照合同规定的价格和标准，这批木材是完全合格的。慢慢地，检验员的态度发生了变化，他承认自己检验木材的经验不足，并向丹尼请教了一些经验。最终，丹尼收到了一张全额支票。

尽量克制自己，不当面指责别人的错误，保全对方的面子，丹尼因此让一桩很可能失败的生意转危为安。每个人都很在意自己的面子，因此在销售中，如果销售员无法照顾到客户的面子，将很难取得成功，也无法在销售的道路上走得更远。

李嘉诚说过这样一句话："不为五斗米折腰的人，在哪里都有，千万别伤害了别人的尊严，尊严是非常脆弱的，经不起任何的伤害。"李嘉诚的从商经验是，重视人的尊严，坚持最起码的人际沟通原则，不仅要让对方获得更多的利益，更要注意让对方在心理上获得被尊重的满足感。

顾客都担心上当受骗

销售的目的不只是将产品卖出去，更重要的是让顾客从购买行为中获得价值感，也就是说消费者对自己购买的产品感到满意，希望自己的购买行为是明智之举。

乔·吉拉德说过这样一段话："要想到顾客购买汽车的钱是他们辛辛苦苦挣来的，他们大多是不富裕的工薪阶层，他们中的很多人把买车看成一生最大的一笔投资，他们希望自己的钱花得值得，他们希望自己的购买行为被别人看作明智的选择。所以，顾客会怕你欺骗他们，而很多行骗的故事更加深了顾客对销售员的不信任感。所以，首先让顾客信任你，消除他的顾虑和担忧是非常重要的。当顾客信任你了，购买你为他推荐的产品，享受你为他提供的良好的服务后，他会喜欢上你，会把你的产品和服务到处传颂。于是你的口碑建立起来了，你的销售之路也将越来越宽。"

著名心理学家马斯洛认为，安全感是人类保障自身安全的需要，也是仅次于生理需要的一种基本需求。人们出于惯性，会对陌生的人和东西缺乏安全感。显然，生活经验与复杂的市场环境加剧了客户的这种担忧。

就销售而言，顾客之所以不信任销售人员，是因为他们认为从销售人员那里获得的有关商品的各种信息，往往不同程度地包含着一些虚假的成分，甚至还会存在一些欺诈的行为。于是，有很多顾客在与销售人员交谈的过程当中，带着逆反心理和销售员进行辩论。因此，在销售的过程中迅速有效地消除顾客的顾虑，对销售员来说显得十分必要。因为聪明的销售员都知道，如果不能从根本上消除顾客的顾虑，交易就很难成功。

顾客之所以会产生顾虑，很可能是因为在他们以往的经历中，曾经遭遇过欺骗行为，或者说从新闻媒体上看到过一些有关顾客利益受到损害的案例。因此，他们往往对销售员心存芥蒂，特别是对一些上门推销的销售人员，更不欢迎。

一位金牌销售人员说过："作为销售人员，你不是要改变顾客的想法，而是要打动顾客的心。"也就是说，合格的销售员要通过打动顾客的心，让顾客产生购买的想法，而不要一味地去说服或试着转变顾客的思维。

不可否认，现在社会上的骗子很多，许多人都深受其害，而骗子的行骗方法可能会仿效销售员的推销方式，顾客在看到销售人员时就很容易想起被骗的痛苦经历，所以他们认为销售员几乎都是骗子，索性对所有上门推销的销售人员都关上大门。

"这件衣服多少钱？"

"380块！"

"这么贵，200块钱吧？能卖的话就要，不卖就算了。"

"小姐，你太能砍价了，200块进货的价格都不止呢，看你喜欢，这样，260块吧，少了我真的不能卖了。"

"那就220块吧，多了我就不要了。"

"好啦好啦，就240吧，让我也赚个运货的费用。"

"不行，就只能给你230，一分钱都不能多。"

"小姐，你真厉害，行，就230吧。"商家边说边把衣服装进袋子里递给客户。

像这样的对话我们时常能听到，不仅能听到，很多时候我们自己也在进行着这样的事情——砍价。

从心理学的角度来看，顾客就是因为害怕自己被骗，所以尽可能地压低价格。因为服装行业给顾客的印象是暴利行业，即使你报出底价，顾客也会认为其中还有很大的水分。

让顾客产生这种心理的原因在于有些商家促销做得过头了，比如原价1万元的产品，没过几天就优惠到2000元，或者随便找个理由就打个三折。此时，没有购买的顾客就会暗自庆幸自己当初的决定，而且在心理上也会对这个产品产生深深的质疑，所以更不会购买了。而已经购买的顾客看到这样的促销，看到自己购买的产品跌价如此之快，肯定会有上当之感，甚至还会上门要求退货。

对于顾客来说，他们需要的是物有所值的物品，只要质量好，哪怕价格稍微贵点，他们也觉得无所谓，一旦产品的质量不行，或者价格里的水分太大，就算再优惠，顾客也不会选择购买。当然，就算顾客对某件物品很喜欢，身为销售人员的你也不能漫天要价。也许顾客确实是因为喜欢，购买的时候很爽快，但是等他冷静下来之后，他就会感觉自己被骗了，到时候你就会失去这个顾客，并且他会四处散播他的经历，到时候你的口碑就会变差，你失去的不仅仅是这一个顾客。

顾客要的是质量好的产品，同时还要感觉自己买得实惠。如果顾客刚从你手上买了产品，到你的竞争对手那里一看，你卖给他的东西只要一半的价格就可以买到，你从此就成了反面教材。

许多顾客都怕被骗，面对销售人员，他们表现得很谨慎，浑身上下都充满警惕，就怕掉进销售员的"陷阱"。对待这种顾客，销售员不要急于求成，你说得越多，顾客反而越怀疑，你只需要耐心解答顾客的提问。顾客所提出的问题一般就是他的顾虑，如果能耐心地回答好顾客所关心的这些问题，就能在很大程度上消除顾客对产品的顾虑。

通常，顾客怕被骗的心理会让你们的沟通产生障碍，但同时也会给你带来机会。这种顾客常常是想买产品，同时又希望你能把价格降了再降，所以会列举同类商品的优惠方案来刺激你，你在与顾客交谈时要让顾客了解，任何一款产品都不可能把所有优点集于一身，并把顾客看重的产品优势、购买它的好处等讲清楚。如果有必要，销售员可以拿出一些数据或证书做说明，以证明自己话语的权威性。当然如果有什么产品的优惠活动也要主动告诉顾客，这样的谈话必然能消除顾客担心受骗的心理。

还有一部分顾客是担心商品的质量或功能，对商品没有足够的信心。此时，你不妨直接对顾客说出产品的缺点，这比顾客自己提出来要好得多。对担心上当受骗的顾客直接说出产品的缺点，还有以下几个好处。

（1）顾客觉得你没有隐瞒产品的缺点，是个诚实的人，进而对你的信任感增强，这样他就愿意与你进一步交流。

（2）顾客会觉得你很了解他，无形中就会减少很多疑虑。

（3）销售员主动说出商品的缺点，可以避免和顾客发生争吵、冲突，变被动为主动，从而促成交易。

此外，要想消除顾客的顾虑，还要做好售后服务保障工作。售后对于消除顾客的顾虑起着很大的作用，只要让顾客知道产品出了问题有地方解决，他们心里就会踏实很多。

总之，在销售过程中，如不能正确解决顾客心存顾虑这个问题，将会给销售工作带来很大的阻碍。所以销售人员一定要努力打破这种被动的局面，巧妙地化解顾客的顾虑，使顾客放心地去买自己想要的商品。顾虑是心与心之间的一条鸿沟，填平它，销售人员才能到达成功交易的彼岸。

人人都有从众心理

所谓"从众",是一种比较普遍的社会心理和行为现象,通俗地解释就是"人云亦云""随大流":大家都这么认为,我也就这么认为;大家都这么做,我也就跟着这么做。

关于从众心理,美国人詹姆斯·瑟伯有一段十分传神的文字描述。

突然,一个人跑了起来。也许是他猛然想起了与情人的约会,现在已经迟到很久了。或许是其他的什么原因,总之不管他想些什么吧,反正他在大街上跑了起来,向东跑去。很奇怪,过了一个街口,一个报童也跟着跑了起来。紧接着,一个胖胖的绅士也加入进来……十分钟之内,这条大街上所有的人都跑了起来。嘈杂的声音逐渐清晰了,可以听清"大堤"这个词。"决堤了!"这充满惊恐的声音,可能是电车上一位老妇人喊的,或许是一个交通警察说的,也可能是一个男孩子说的。没有人知道是谁说的,也没有人知道真正发生了什么事。但是整条街的人都向东跑去……

社会心理学家研究表明,从众行为是一种普遍的社会心理现象。这种行为既是一种个体行为,也是一种社会行为,既受到个人观念的支配,也受到社会环境的影响。从众现象产生的基本原因是个人认识水平的局限性和社会公众的压力。

在消费的过程中,从众心理也是十分常见的。因为好多人都喜欢凑热闹,当看到别人成群结队、争先恐后地抢购某种商品的时候,也会毫不犹豫地加入到抢购大军中去。比如,某商场入口处排了一条很长的队伍,从商场经过的人就很容易加入其中。因为人们看到此类场景时,第一个想法就是"那么多人围着一种商品,一定有利可图,所以我不能错失机会"。这样一来,排队的人就会越来越多。

事实上,这些人中真正有明确购买意图的没有几个,人们不过是在相互影响。这样,即便购买的商品不怎么好用,他们也会在心理上形成一种安慰,毕竟大家都在买,也不是自己一个人上当。因此,销售员在进行销售时,就应该利用顾客的从众心理来营造营销氛围,影响人群中的敏感者接受产品,从而让观望者也接受该产品。

日本著名企业家多川博经营婴儿专用尿布生意,公司年销售额高达70亿日元,并以年增长率20%的速度递增,这一辉煌成绩使他一跃成为世界闻名的"尿布大王"。

在多川博创业之初,他决定施行的尿布专业化生产策略就遭遇了阻碍。公司采用新科技、新材料生产出来的质量上乘的尿布,竟然丝毫无法引起客户的兴趣。而且在公司花了大量的金钱和精力去宣传这款产品后,仍无起色,公司几乎到了无法继续经营的地步。多川博先生万分焦急,经过苦思冥想,有一天他终于想出了一个好办法。

第二天,他让自己的员工假扮成顾客,排成长队来购买自己的尿布。一时间,公司店面门庭若市,几排长长的队伍引起了行人的好奇:"这里在卖什么？""什么商品这么畅销，吸引这么多人？"于是人越聚越多，当天的销售情况自是火爆异常。随着产品市场占有率的不断提升，人们逐步认可了这种尿布。后来，多川博公司生产的尿布还出口他国，在世界各地都畅销开来。

案例中尿布的畅销就是利用了顾客的从众心理打开了市场，但前提是尿布的质量好，在被顾客购买后得到了认可。因此销售最终还是要以质量赢得顾客，销售员善于利用从众心理只是吸引顾客的一个手段，如果商品粗制滥造，那么上过一次当的顾客以后就再也不会光顾。

顾客的从众心理会给销售人员带来很多方便，因为销售人员可以利用一些手段制造热闹的行情，吸引众多顾客围观并参与其中，从而为自己的销售创造更多的机会。

我们都见过工作人员在大街上发产品宣传单的情景，仔细观察你就会发现，在发传单的时候，如果一群人走过，有一个人不接宣传单，那么其他人也不会接，而有一个人接了，其他人也会跟着接起来。柜台促销时也如此，如果有一个人买，围观的人大都会买，如果没人买，大家就都不会买。造成这种状况的根本原因同样是顾客的从众心理。在许多情况下，人们都会根据众人的行动而行动。

还有，销售人员经常会对顾客说，"很多人都买了这一款产品，反响很不错""小区有很多像您这样年纪的女士都在使用我们的产品"，这样的言辞就巧妙地利用了顾客的从众心理。

即使销售人员不说，有的顾客也会在销售人员介绍商品时主动问："都有谁买了你们的产品？"意思就是说"都有谁买了你们的商品，如果有很多人用，我就考虑考虑"。这也是一种从众心理。

实际上，在消费过程中，顾客的从众心理有很多的表现形式，威望效应就是其中一种。最为常见的就是，现在很多公司、商家都会花高价请明星、专家或一些老年人来代言产品、做广告，以引起顾客的注意并促使顾客购买。一般来说，当一个人没有主张或者判断力不强的时候，就会依附于别人的意见，特别是一些有威望、有权威的人物的意见。

从心理学的角度讲，顾客之间的影响力要远远大于销售员的说服力。因为在生活中，人们更容易信赖身边的人，而不是信赖那些总想着要你掏钱的销售员。从众心理的优势也正在于此！但是，对那些个性较强、喜欢自我表现的顾客，则不太适宜使用此招数。

当然，利用顾客的从众心理的确可以提高推销成功的概率，但是也要注意讲究职业道德，不能靠拉帮结伙欺骗顾客，否则会适得其反。

为什么人们喜欢追求名牌

联合国工业发展组织的数据显示：在全世界所有的品牌中，名牌只占不到3%的份额，但是这些名牌却能够占据总销售额的50%。那么，消费者是如何理解名牌的呢？

俗话说："人靠衣装，佛靠金装。"所以人们对自己的衣着非常讲究，有些人对名牌的追求更是乐此不疲。在生活中不难发现，宝马汽车、奔驰汽车、法拉利汽车、劳斯莱斯汽车、宾利汽车、路易·威登提包、劳力士手表、江诗丹顿手表、乔治·阿玛尼服装等名牌奢侈品备受人们的热捧。在现代社会中，由于名牌效应的影响，再加上人们的虚荣心理、从众心理、表现欲望等从中作梗，导致名牌在人们的心目中越来越神圣、高大、重要。

在现实生活中，名牌对顾客消费心理的影响不可小觑。这种名牌时尚性消费体现的是人们对自我实现的心理满足，是消费者希望自己与时代同步、赶上甚至超越时代潮流的心理需求。很多人会刻意购买一些名牌产品，即使贵一些也无所谓。对销售人员而言，如果能根据这样的购买心理，推广好自己的产品，一旦形成时尚型消费，必然会出现大批的购买者。

　　这种消费时尚的流行也就是人们所说的赶时髦。这种购买行为大多是因为人们受到外界环境的影响，如社会风尚的变化。这种类型的消费很容易受到感情的驱使，因此销售人员要特别注意顾客对美的渴望和对追求流行的趋同心理。其实，这些消费者更容易被商家忽悠，商家会尽力夸大顾客的审美能力和判断能力，尽力美化其形象。

　　我们发现很多人在走进商场的时候，事先对购买什么牌子的商品是有一些考虑的。这种现象相当普遍，另外消费者在购物时还存在一种规律，即商品档次越高，购买的现象越普遍。从心理的角度讲，名牌的心理效应反映在消费者认可你的牌子，去买你的东西。达到这个效应，你的牌子就差不多进入名牌的行列了。

　　有人开玩笑说，如果把馒头加肉片放进麦当劳的包装，也一定会有不少人啧啧称赞："麦当劳的馒头就是好吃。"这虽然是句玩笑话，却道出了生活中一个常见的现象：任何物品只要贴上名牌标签，就会受到追捧，甚至没有人去追究它的真伪。

　　从消费心理学的角度来看，这反映了人们存在"易受暗示"的倾向。现在，各种名牌广告对消费者狂轰滥炸，人们在无形中接受了外部暗示，并把外部暗示转化为自我暗示，进而认为无论哪种商品，只要贴上名牌商标，就是好东西。

　　我们经常看见很多年轻人喜欢戴着贴有标志的墨镜，尽管有眼科大夫发表文章劝告年轻人把标志撕掉，因为它会妨碍视力，但是很多人就是不听劝，这就是追求名牌的心理起了作用。

　　可见，消费者的心理往往会被社会性的"时尚"同化。表面上看，这些"时尚消费者"力图通过所购买的商品来达到引人注目的目的。而且，任何一个消费者的大脑中都有一个自己的时髦品牌仓库，这个仓库代表的是时尚和品位，这正是销售员需要诱发的核心内容。因此，销售员要向客户强力灌输自己的品牌意识，把自己的产品也加入到客户心中的"品牌仓库"里，这样做无疑会提升成功的概率。

顾客要的就是占便宜的感觉

销售员中流传着这样一句话:"顾客要的不是便宜,而是要感到占了便宜。"

顾客有了占便宜的感觉,就容易接受你推销的产品。在市场上你也不难发现这样一种情形:一旦某种以前很贵的商品开始促销,人们就觉得它的价格很实惠。

每个人都希望买到物美价廉的商品,要是能够免费赠送那就更好了。销售员只有了解了顾客的这种心理,才能更好地加以利用,为自己的销售工作服务。

那么,怎样才能让顾客感受到他所购买的商品是物美价廉的呢?最好的方法就是促销、降价或者赠送物品,此时的商品相对于平时来说,价值相对提高,于是顾客就会抓住这一机会大量购买。

每逢教师节,黄老师都会带上自己的教师资格证去学校附近的一家商场购物。因为那家商场会在教师节当天赠送教师一些礼物,有时是几把牙刷,有时是一些沐浴露,虽然都是小物件,但是每年的教师节黄老师都会去。

这就是商家促销的一种手段，而像黄老师这样的顾客在生活中也很常见。

物美价廉永远是大多数顾客追求的目标，很少听见有人说"我就是喜欢花多倍的钱买同样的东西"，人们总是希望花最少的钱买最好的东西。这就是人们占便宜心理的一种生动的表现。

顾客有这种贪图便宜的心理，是一件无可厚非的事，但是这种心理对于销售人员或者商家来说，则是一件天大的好事。销售人员只有了解了顾客的这种心理，才能更好地加以利用，为自己的推销服务。

事实上，商家通过赠送一些精致的礼物可以在很大程度上提高效益。贪图便宜是人们常见的一种心理倾向，我们在日常生活中经常会遇到这样的现象。例如，某某超市打折了、某某厂家促销了、某某商店甩卖了，人们只要一听到这样的消息，就会争先恐后地向这些地方聚集，以便买到便宜的东西。

人们普遍都有一种求利心理，这是一种"少花钱多办事"的心理动机，其核心是"廉价"。

有求利心理的顾客，在选购商品时，往往要对同类商品之间的价格差异进行仔细比较，喜欢选购打折或处理的商品。具有这种心理动机的人以经济收入较低者为多。当然，也有经济收入较高而勤俭节约的人，他们希望通过精打细算节约开支。

古时候有一个卖衣服和布匹的店铺，店里有一件珍贵的貂皮大衣，因为价格太高，一直卖不出去。后来店里新来了一个伙计，他在了解情况后表示自己能在一天之内把这件貂皮大衣卖出去，掌柜将信将疑，决定试之。

伙计要求掌柜听他的安排，不管谁问这件貂皮大衣的价格，一定要说五百两银子，而不是原价的三百两银子。

二人商量好以后，伙计在前面打点，掌柜的在后堂算账，上午基本没人来。下午有一位妇人走了进来，在店里转了一圈后，看中了那件貂皮大衣，她问伙计："这件衣服多少钱啊？"

伙计假装没有听见，依旧忙手里的活，妇人提高嗓门又问了一遍，伙计才停了下来。

他对妇人说："不好意思，我是新来的，耳朵有点不好使，这件衣服的价钱我也不知道，我先问一下掌柜的。"

说完就冲着后堂大喊："掌柜的，那件貂皮大衣多少钱？"

掌柜的回答："五百两！"

"多少钱？"伙计又问了一遍。

"五百两！"

声音很大，妇人听得一清二楚，觉得太贵了。

此时，伙计憨厚地对妇人说："掌柜的说三百两！"

妇人一听顿时心里打了个激灵，认为肯定是小伙计听错了，自己少花二百两银子就能买到这件貂皮大衣，于是快速地付过钱后匆匆地拿着貂皮大衣离开了。

就这样，伙计很轻松地把滞销了很久的貂皮大衣按照原价卖出去了。

上述案例中的店伙计就是利用了妇人"占便宜"的心理，成功地把貂皮大衣卖了出去。销售人员在推销产品的时候，可以利用顾客占便宜的心理，使用价格的悬殊对比来促进销售。其实在很多世界顶尖的销售人员的成功法则中，利用价格的悬殊对比来俘获顾客的心是一种常用的方法。

优惠是推动销售最有效的方法之一，它能有效地抓住顾客的心理。大多数顾客会拿你的优惠和你的竞争对手作比较,如果你没有让顾客觉得他得到了优惠,顾客可能就会离你而去。所以你不仅要注重商品的质量,还要注意满足顾客这种想要优惠的心理需求。

顾客心中都有一个价格

在销售的过程中,销售员经常会遇到一些很果断的顾客,这些顾客很明显不想因为讨价还价而浪费时间,始终坚持自己的出价,希望速战速决。这个时候,销售员就要识趣一些,在能接受顾客要价的前提下,尽早和顾客达成协议。

玛丽在加拿大度假,一天她在当地的市场上看到了一个别致的木雕。
"这个木雕多少钱?"玛丽问。
"五千加元。"
"一千五加元!"玛丽回道。
"我的天呐!"小贩尖叫起来,还做着似乎要晕倒的动作,然后看着玛丽说:"三千加元。"
"一千五加元!"玛丽还是原来的表情,认真地回答道。
"天呐!"小贩似乎有些抓狂了,他拿起木雕说:"两千加元,不能再低了,我的朋友。"
玛丽笑了笑,摆了摆手,转身离开了,因为她随身携带的只有一千五百多加元。

玛丽走出四五步，后面的小贩大声说："好吧，我认输，一千八百加元总行了吧！"

玛丽没有回头继续往前走。突然一个小孩子抱住了玛丽的大腿，拉着她往回走。玛丽好奇地跟着小孩子往回走，原来这个小孩子是小贩的孩子。

"好吧，那就一千五百加元！"小贩终于松口答应。

每当玛丽看到这个木雕，都会想起那个小贩，她时常想自己之所以能够买到这么便宜的木雕，就是因为自己的坚持。

在销售过程中，如果顾客明显露出了他的价格底线，聪明的销售员会在有利可图的前提下果断地成交。否则，这种有立场的顾客很可能因为你的盲目坚持而放弃购买，从而导致交易失败。

我们都知道，价格的确定必须以价值即成本为基础，并考虑顾客的接受能力。在具体确定价格时，必须综合考虑商店的形象、经营的状况以及产品的特点等因素，恰如其分地采取相应对策。例如，具有稳定顾客的名牌商店在经销名牌产品时，常常凭借其在市场上的有利地位，推行优质服务与高档价格相配合的政策。但即使如此，其一般也不以贪图暴利为宗旨。因为谁都知道，贪图暴利既不能赢得顾客的信任，商店也无法得到长期繁荣。

虽然多数顾客都想选择价格便宜的商品，但是消费水平的提高和消费心理的变化使销售经营者的方针必须及时地实现从"优质低价"向"受顾客支持的价格"转变。

近年来，在欧美等发达国家的市场上，消费者的购物行为出现了新变化，越是品质好、价格高的产品销售得越快。比如，李维斯牌牛仔裤每条售价是15美元。扬宾尼公司为了向李维·斯特劳斯公司挑战，将每条牛仔裤的定价提升到30美元，你一定会为这样的营销策略目瞪口呆。但扬宾尼公司通过大量的广告宣传，令本公司的高价牛仔裤以高档商品的形象出现，从而提高了该公司产品的声誉。结果，扬宾尼公司的牛仔裤反而比低价牛仔裤更受顾客的欢迎。

此外，在城市各角落里的便利店更是将这一策略展现得淋漓尽致。为了让消费者认可商品的价格，很多自选便利店内的商品的单价都是9角9分，商品涵盖零食、日用杂货、厨房用品、家用小五金以及常用药品等。虽然9角9分离1元仅差1分，但这1分之差却对消费者的心理产生了重大的影响。

1. 给消费者以准确定价的印象

准确定价使消费者感到经营者对定价是认真的，定价是合理的，即使1分钱也不凑成整数。因而对商品的价格产生了一种信任感。

2. 给消费者以价格偏低的印象

9角9分与1元虽只差1分，但给人的印象是"不到1元钱"的商品，如果是"1元零1分"，那就会让人产生"超过1元钱"商品的印象，两者的价格概念，在心理上的差距似乎比实际差距要大得多。

由于商品的价值不同，不可能所有商品都定价为9角9分。在生活中，我们不难发现，很多低于5元的商品，末位多以9定价，即0.9、1.9、2.9、3.9、4.9、5元以上的价格，末位定价为95，销售情况最佳。

在此，需要注意的是，无计划的低价销售，有时也会给顾客的心理造成不良印象，使其失去对低价商品的信心。因此，对于销售者而言，采取低价政策时，应把减价的原因和条件对所有顾客明确宣布，同时采取确保总体应有适当利润的营销策略才是恰当的。

顾客偏喜欢与销售员"对着干"

逆反心理几乎人人都有,只是程度不同而已。人的逆反行为看起来像是一种恶意的抵触,但从心理学的角度来说,逆反行为并不是有意识的反应,多数情况下都是人下意识的自我防卫。

在销售过程中,你不难发现这样的情形:销售人员越是苦口婆心地把某商品推荐给顾客,顾客就越是拒绝。同样的,当顾客的心理需要得不到满足的时候,会更加刺激他强烈的需要。越是得不到的东西,越想得到;越是不能接触的东西,越想接触;越是不让知道的事情,越想知道。销售人员如果能利用顾客"对着干"的这种心理,就能轻易达成交易。

一位女士走进一家箱包店。售货员小姐见这位女士衣着光鲜,但明显是来自几个不同的中高档品牌,给人一种强烈的拼凑之感,还是热情地迎上去说:"欢迎您,女士,请问有什么可以帮您的吗?"

女士:"小姐,请把那款挎包拿给我看看,好吗?"

"好的,女士,您真有眼光,这是今年新出的限量款,咱们这个城市只有十个,您挎这个包真的很上档次。"

"哦,看这款式和做工确实不错,多少钱?"女士问道。

"这款目前售价是3万元人民币。"售货员小姐笑吟吟地回答。

女士:"哦,好像有些贵了,这款包打折吗?"

售货员小姐迟疑了一下说:"女士,这款新上市的包是不打折的,不然您看看这款紫色的包如何?我感觉这款更适合您,打完折也才4000多元……"

"你的意思是我买不起这款限量的包吗?"女士似乎有些生气了,打断了售货员小姐的话。

"不,不是的,女士,我真的没有这个意思,您误会了……"售货员小姐连忙解释说。

"不要说了,我就要这个包了,给我包起来吧!"

是什么因素导致顾客产生了逆反心理呢?在上面的案例中,售货员明显利用了顾客的虚荣心,从而成功促成了交易。当然,利用逆反心理也需要注意尺度的把握,把握不好反而会对顾客造成心理伤害,从而失去顾客。

比如,顾客对某商品特别感兴趣,想要摸摸商品的质地,而这时销售人员过来说:"不好意思,我们的样品是禁止触摸的!"这样的回答无疑会招致顾客的反感:有什么了不起的,不摸就不摸,我还不买了!于是扭头就离开了。这就使顾客对商品的强烈好奇心受到了阻碍,从而导致顾客产生逆反心理。

在实际销售中,有很多销售员为了尽快成交,便一味催促顾客做出购买决定,但是这样很有可能会起到相反的作用,令顾客产生逆反心理:因为在与顾客初次接触的时候,顾客常常怀有戒备之心,如果此时只是一味强调自己的产品如何如何好,如何如何实用,顾客反而会因害怕受骗更加警惕,从而拒绝购买。

爱德华先生的私家车已经用了很多年，最近故障频发，他决定换一辆新车。这一消息被小镇上的汽车销售公司得知，于是一拨又一拨的销售员前来向他推销新车。

第一个销售员来到爱德华先生家里，首先看到门外那辆老爷车直接尖叫着说："我亲爱的爱德华先生，您的这辆老爷车实在应该进入博物馆了，来吧，看看我给您带来的新车资料，我敢保证您对这些新车一定会动心的。"

于是，他开始详细介绍自己公司的轿车性能多么好，多么适合他这样的公司老板使用。无疑，这样的话让爱德华先生心里特别反感。因为在他看来，对方那样贬低自己的汽车，只不过是想让自己掏钱去购买他销售的汽车的伎俩罢了。

又一个周末，另外一名汽车销售人员登门造访，爱德华先生冷冷地看着他，心想：不管他怎么说，我都不买，看他能使出什么新花招。可出乎爱德华先生意料的是，这位销售员对他说："凭我的经验，您的这部车还能再用上一年半载的，现在就换未免有点可惜，我给您留一张名片吧，等哪天您决定换车了可以联系我们公司！"说完就主动离开了。

这位销售员的言行和爱德华先生想象的完全不同，使他之前的心理防御一下子失去了意义，因此其逆反心理也逐渐消失了，他还是觉得自己应该换一辆新车。于是一周以后，爱德华先生拨通了那位销售员的电话，并从他那里订购了一辆新车。

销售员在向顾客推销产品的时候，一方面要避免引起顾客的逆反心理，以免其拒绝购买自己的产品；另一方面要学会刺激顾客的逆反心理，引发顾客的好奇心，让顾客产生强烈的购买欲望。上面例子中的销售人员就是从相反的思维方式出发，消除顾客的逆反心理，从而使爱德华先生主动购买自己的产品。

可见，逆反心理是顾客身上一种非常有意思的现象，销售员如果不懂，就会导致顾客和你"对着干"，结局是你想卖，顾客却无论如何都无法下决心购买你的产品。销售员掌握了逆反心理，可以假装拒绝顾客购买某产品，此时顾客反倒非要买来用用，结果正中销售员下怀。

第二章
解读客户的肢体语言，了解其真实意图

客户的言行举止、音容笑貌都在向销售员透露着一些重要的信息。不要小看这些信息，就是这些容易被人忽略的细节性信息最终指引着销售的走向。只有那些具有敏锐观察力的销售员会发现客户肢体语言所代表的含义，为客户送上最贴心的服务，并为实现销售的成功打下坚实的基础。

眼睛是客户赤裸裸的内心表白

德国著名心理学家梅赛因说:"眼睛是了解一个人最好的工具。"这种通过眼神、目光深入他人内心的能力是人类所独有的。从生理学的角度看,眼睛在人的五官中是最敏锐的,因此,眼睛又有"五官之王"的称号。

眼睛传递的信息是最有价值、最为准确的。为什么这么说呢?因为眼睛是传达身体感受的焦点,瞳孔的运动是独立、自觉、不受意识控制的。舌头能骗人,但没有经过专业训练的普通人,通过他的眼睛就能看出他是怎么想的。因此,正如俗语讲的那样,"眼睛是心灵的窗户",你在想些什么,你的眼睛都会立刻忠实地呈现出来。

因此,对于销售员而言,透过客户的眼神就像是趴在客户的"窗户"上,向里张望心灵的格局。作为销售员,要学会从客户的眼神里看出他的真实想法,并拿出应对之策。成功的推销人员都是善于观察的人,他们能够捕捉到顾客眼睛里哪怕一丝异样,从而调整自己的销售策略。

宋杰的第一份工作就是在一家冰箱厂做销售。经过一个月的岗前培训,正式上岗后经理让她去拜访一位姓周的客户。宋杰来到这位客户的家里，一阵寒暄过后，开始转入正题。

"周女士，根据我们公司的回访记录，您是有意向要更换一台冰箱的，所以我今天特意过来看看您准备买什么款式的？"

"是啊，最近温度越来越高了，家里的老冰箱制冷效果不是很好，已经咨询过维修部门了，他们建议更换一台。"

"嗯，是这样啊，您可以看看我们公司的冰箱，它是由智能节能专家控制系统全自动控制，4D匀冷保鲜，鲜循环动态保湿，空间自由组合，更能减少电能损耗。"

"是吗？"顾客一直用眼睛直直地看着宋杰，看起来很认真的样子。

宋杰以为这位客户被她的话打动了，于是说得更起劲了："相对于市场上其他公司的产品来说，我们公司的冰箱在静音方面更胜一筹，声音在19分贝左右，所以您休息时绝对不会受到一丝的打扰。"

在听完宋杰的叙述后，周女士并没有做出购买决定，而只是礼貌地说要再考虑考虑，过两天再回复。

在和客户谈话的时候，销售人员要时时观察客户的眼睛。因为推销就是一种人与人之间的交流，交流时注视着对方的眼睛是对别人尊敬的表现，同时也能从对方的眼睛中读懂一些东西，这些东西也许是话语没有表达出来的，因此，在销售中你要学会观察客户的眼睛，读懂客户眼睛里所表达的意思。

在上面的案例中，宋杰见客户用眼睛直直地看着自己，就以为客户是对产品感兴趣，但事实并非如此。案例中的周女士尽管把目光睛停留在了宋杰的身上，但是最终却没有签单，就证明客户没有认可宋杰的说法与他们公司的产品。

眼神是内心活动的一面镜子，不同的眼神代表着不同的含义。在销售中，销售员会遇到形形色色的客户，难免会遭到客户的冷眼，当然也会得到客户理解、支持、鼓励、称赞的眼神。把握这些常见的眼神所代表的含义，必将给销售员的工作提供很大的帮助。一般在销售过程中，客户的眼神可分为以下几种类型。

1. 柔和友好型

这样的客户是善良的、真诚的，对人很少有戒心。在面对销售员时会眉眼含笑，嘴角也有笑意，表现出对人的热情和好感。这样的客户是销售员喜欢遇见的，即使生意不成，至少心情是愉快的。

2. 怀疑型

大多数人对销售员都充满了怀疑，因此看销售员的眼神也会充满不信任。客户在选择产品时总是比较谨慎，如果销售员提供的信息没有足够的说服力，就会引起客户的怀疑。此时客户的眉头就会微皱，瞳孔也会变小，眼睛里透露出迟疑的神情。

3. 好奇型

如果销售员的产品有很多有趣的地方，这时客户的瞳孔就会变大，嘴巴微微张开，眼皮抬高，盯着销售员或者产品仔细地看，表现出极大的兴趣。有些产品有着奇特的功能，在制作工艺上很有技巧性，如果客户之前没有见过这样的产品，就会为产品的奇特性所吸引，并表现出惊讶。销售员只要抓住客户的这一延伸特征，并对其有效引导，客户购买产品的概率就会非常大。

4. 沉静型

这些人的瞳孔总是保持自然状态，眼皮不动，冷静地看着销售员，这说明销售员的产品或者话题对客户来说不足为奇，无法引起客户的兴趣。这样的客户一般见多识广，很有主见，而且很沉着，不会被销售员华丽的说辞所迷惑。对待这样的顾客，销售员要用真诚的服务和优秀的产品品质来打动他是最实际的。

总之，眼神可以传递出很多客户内心深处的信息，销售员要善于观察顾客的眼睛，发现客户的内心，这对销售工作的顺利开展是很有帮助的。

眉语是顾客的第二张嘴

"眉语"也是体态语的一种,指在特定的语言环境中,人们用眉毛舒展或者收敛等动作来替代语言,以此表情达意。眉毛可以表现出不同的情态,通过眉语人们不仅能够传达出很多意思,还可以彼此进行交流,人们常说的"眉目传情""挤眉弄眼""眉来眼去"等就是一种交流,一种暗示,有时甚至比有声语言更能传达出真挚的情意。

对于销售员来说,要善于通过顾客的眉语来了解其内心情感,要学会用眉语与顾客交流,从而有效地表情达意,最终顺利成交。

李女士准备买一套新的职业套装,在会见一个重要的客户时穿。但她在商场转了大半天也没有看上眼的,感到很沮丧。她又转到一家精品屋,进去后就一屁股坐在一个小凳子上。这时一位销售员过来询问她是否需要帮助。李女士有气无力地说想要买在会见客户时穿的职业套装,但转了多半天也没有选中合适的。

销售员见李女士眉头紧锁,就知道她确实很累了,于是倒了一杯水端到她面前说:"看样子您确实很累了,不如先坐下休息一会儿,会见客户穿的服装确实不能马虎,一会您可以在我们店里转转,我们这刚好新上了一批新款的职业套装呢!"

见销售员如此热情,李女士情绪好了很多,她边喝水边和销售员讲述这多半天的经历。销售员从李女士透露出的信息中已经知道她想要的款式和价位,于是在李女士喝完水后,给她推荐了一款深灰色职业套装。李女士一看,便眉毛上扬,露出了欣喜的表情,但是很快又皱起了眉头,问道:"价格偏贵了,能不能打折呢?"销售员最终给了8折的优惠,李女士非常满意,眉开眼笑地购买了那款职业套装。

在上面的案例中,李女士因为购物未果而眉头紧锁,见到喜欢的套装便眉毛上扬,又因为价格过高而皱眉,最终谈妥价格,买到自己心仪的服装而眉开眼笑。可见,不同的"眉语",表达不同的人物情绪,销售员要善于通过观察顾客的眉语来了解其内心情感。

具体来讲,我们常常见到的顾客眉语的表现形式有以下几种。

1. 扬眉

具体状态是双眉扬起,略向外分开,眉间皮肤伸展,使眉间短而垂直的皱纹拉平,而整个前额的皮肤向上挤紧,造成水平方向的长条皱纹,则表示高兴的神态和心情。在销售过程中,如果商品正合顾客的口味,使顾客有一种"踏破铁鞋无觅处"的欣喜,顾客就会出现这种神态。当然,如果顾客是一条眉毛上扬,一条眉毛下降,则表示对销售人员介绍的商品心存怀疑或者还有不理解的地方,这就需要销售人员进一步证明或者加以解释。

2. 皱眉

双眉紧蹙，表示忧虑、不高兴、不耐烦，或者很为难。如果顾客出现这样的表情，说明顾客对销售员说的话或者推销的商品很不满、不喜欢，而且有很强的抗拒心理，不愿意再听销售员介绍。如果顾客皱眉时伴随着低头、侧脸，而且脸绷得很紧，说明对方非常厌恶、反感。

3. 耸眉

耸眉指眉毛上扬，停留一会儿又下降，有时也会伴有撇嘴的动作，这表示的是一种厌烦和不欢迎，有时也表示一种无奈。顾客露出这种不愉快的表情，就表示他不愿意接受商品。这时，销售人员就要保持冷静，对顾客的心理表示理解，用最有力的证据去说服顾客。

4. 闪眉

眉毛上扬，又立刻下降，像闪电一划而过，同时还伴着扬头和微笑的动作。眉毛闪动是惊喜的一种表现，表示眼前一亮，对对方的到来很欢迎。如果对方是一个老顾客，见面后还会通过"连闪"的动作向你问好，遇到这种情况，销售员最好的应对策略就是用"闪眉"回应，这会让对方觉得你很幽默、聪明。如果顾客在销售过程中表现出这样的表情，那么成交是很有希望的。

5. 眉毛紧缩

表明顾客正在犹豫，拿不定主意。

6. 眉毛倒竖

眉角下拉,表明顾客非常愤怒。

7. 眉毛抬得很高

表明顾客不相信你的话,感觉你在吹牛。

头部动作往往先于决策

在很多情况下,人们嘴里说的话和肢体语言所传达的意思是不相符的,人的嘴巴可能会说谎,但是身体很难说谎。在这其中,头部属于人体的"司令部",人的眼睛、耳朵、舌头、鼻子会把外界的信息输送到居于中心位置的大脑。大脑会根据所收集到的信息的好坏,有针对性地做出反应,并通过同步动作呈现。所以头部往往是人们关注、观察身体语言的重点。从某种意义上说,观察头部所得到的信息也是最为准确的。

随着雾霾天气的频繁出现,马力公司所代理的空气净化器的生意开始火爆起来。一天上午,马力像往常一样敲开了一家公司的门,并顺利见到了该公司的负责人。入座之后,马力就开始滔滔不绝地介绍自己公司代理的空气净化器的功能和特点,以及客户使用后的种种好评等。

负责人听了马力的讲述,似乎对这一话题非常感兴趣,听得频频点头。在介绍完产品之后,负责人说:"可以先拿一个试用一段时间吗?"马力很痛快地答应了。随后,马力便留下名片和一台空气净化器离开了。一个月之后,马力接到了负责人的订购电话。

头部是人体活动最频繁的部位。点头、摇头、抬头、歪头、低头等传递着动作实施者内心的真实情感和态度。在上面的案例中，客户频频点头，就是签订合同的最佳时机。在销售过程中，销售员要多注意观察客户细小的动作，通过头部动作洞察人的心理就是一个值得借鉴的方法。

1. 点头

一般来说，点头表示赞许和认可，基本表达一种肯定的意思。如果客户在和销售员交谈的过程中每隔一段时间就做出点头的动作，就表明客户对谈话很感兴趣，销售员可以继续说下去。但也要注意客户点头的频率，如果客户是快速地点头，那就有了否定的意思，这就等于在告诉销售员，他已经听得不耐烦了，或者是催销售员马上结束自己的发言，以便给他一个表达观点的机会。这个时候一定要适可而止，尽快结束谈话，以免惹怒对方，使合作彻底失败。

有的时候，客户为了尽快把销售员打发走，就会频频点头认可产品，并且说对产品表示出很大的兴趣，但是他们会找借口说过几天给出答复。销售员当时也许会信以为真，但事后又迟迟收不到这些客户的答复，所以销售员必须识破客户的这种谎言。

2. 摇头

一般情况下，摇头表示否定的意思。摇头所蕴含的心理信息同样在于频率和速度。摇头频率稳定、速度适中，表明客户对销售员表述的内容明显持否定态度，此时销售员应及时转变策略；摇头较少，而动作缓慢，则很可能代表客户认为销售员介绍得非常棒，此时又和缓慢点头代表的意义相同了，这就需要销售员具体情况具体对待了；快速摇头基本就代表了客户的否定态度已经相当坚决，至少短时间内很难改变他的想法，所以尽快结束拜访为妙。

3. 低头

跟摇头一样,低头也表示一种否定和不认可,只是这种否定的表达没有摇头来得那么直接,出于各种原因,客户不愿意和销售员发生直接的言语冲突。面对这种情况,销售员应尽快找到客户不满意的地方,妥善解决,让客户和你正常交流,这样才有可能赢得客户的信任,达成合作。

另外一种客户低头的情况可能是客户没有理解销售员的话而低头沉思,此时销售员可用改变语速和适时提醒的方式,让客户跟上自己的谈话节奏,并积极引导客户的购买意愿。

4. 头部倾斜

头部歪向一侧倾斜,身体前倾,有时客户也会做出用手接触脸颊的思考手势,这很有可能是客户对销售员的话产生了疑问,正在侧头努力思索。此时销售员应积极引导客户,并及时解答客户的疑惑,因为当客户的疑惑被消除,很有可能就是他最后决定成交的时刻;另外一种情况可能就是客户对销售员已经产生了严重的不屑和不满,面对这种情况,销售员再能挽回的概率已经很小。

5. 后仰头

有时客户为了舒展一下四肢,会仰头放松一下。此时销售人员也不可放松警惕,越是在此时越要保持警惕。因为当人的身体处于放松状态时,防御也会降低,此时提出交易请求,说不定会有奇效。

手部动作是客户内心活动的"心电图"

原始人类曾用身体各个部位的肢体语言进行交流,然而在有了语言之后,最初的肢体语言,除了手势,逐渐都被淘汰了。这就说明手部动作不仅仅是语言的点缀,还具有其他的作用。

古人说:十指连心,而心是主管神明的。所以,观察一个人说话时手的姿势变化,往往能捕捉到对方发出的各种信息。

手部动作经常能泄露出一个人内心深处的许多秘密。现代科学研究证明,手可以感受到来自内心毫米的振动,所以人的心理变化会迅速地通过手部动作反映出来。这就不奇怪为何很多人会将客户的手部动作视为其内心活动的"心电图"了。

在生活中,我们经常可以见到,有人在聊天时会把双臂交叉,紧紧抱于胸前。这个动作的意思是保护自己。每当我们感到有危险或遇到不愿遇到的事情时,我们都会下意识地将双臂交叉,紧紧抱于胸前,用自己的肢体形成一道身体防线,抵抗外来的危险,从而达到保护自己的目的。

销售员在面对客户时,如果客户双手抱于胸前,那表示他们对你怀有戒备之心,你的话刺激到了他,于是他借此保护自己。此时你要是继续谈下去，只会徒劳无功，因为客户的内心是抗拒的，所以你要做的是把客户的心拉回来，消除他的戒备之心。

一名保险公司的销售员去拜访一位姓王的客户。

"你好，王先生！我是人寿保险公司的销售员，昨天打电话和您预约过的，最近我们公司推出了一种新的保险业务，不知道您有没有兴趣了解一下？"销售员开门见山道。

"哦，是这样，那你先大概介绍一下这项保险的内容吧。"

"这项保险主要是针对交通人身意外，最高250万元的保障，最长30年，满期返还128%保费。所以，购买这项保险不但给自己提供了一份非常大的安全保障，还等于存了一笔钱，相当划算。"

"看起来这个保险不错，很值得购买。"王先生边说边双臂交叉，抱于胸前。

销售员见客户认可，又接着说："是啊，只要入了这项保险，将来您的养老费用都不用愁了。"

"那好吧，让我再考虑一下，明天给你回话。"王先生很干脆地结束了两个人之间的谈话。

手不仅能帮你很好地表达自己，还可以让你通过双手窥知客户的性格特征。有时候，客户本来对销售员的产品不感兴趣，但是为了让销售员早点离开，于是装作喜欢销售员的产品来敷衍，但实际上他是不会购买的。因为此时客户在撒谎，而客户为了掩饰这种说谎的心理，就不得不借助于手势。所以，销售员只有读懂得了这些手势，才能很好地销售产品。就像上面案例中的那位客户，他在回答销售员的问题之后双臂交叉抱于胸前的行为，已明确地表示了其内心的真实想法，所以销售员最终也没能成功引导客户签单。

很多时候，销售员对客户所说的话摸不着头脑，不知道客户的话哪句是真的，哪句是假的。客户尽管说了谎，但是嘴上却说得好好的，让销售员信以为真。但是不管客户怎样说谎，他的手势都无法隐藏这些说谎信息。

美国心理学家桑·费德曼博士在他的研究中指出，手上的小动作欺骗人的可能性很小，手就像一面镜子一样，把你的心意照了个底朝天。那么，不同的手部动作代表什么样的性格？又有什么深层次的含义呢？

1. 搓手掌

这个动作从人的孩提时代就开始了，当你拿着一根巧克力棒或者其他有趣的玩具逗小孩时，你会发现：孩子冲着你喜笑颜开，并且不经意间搓搓小手掌。同样，如果一位主管接到了一份大订单，他在会上鼓动员工大干一场时，也常常会搓手掌。搓手掌最常见的心理密码是，对某些事物抱有期待，而且这种期待是饱含自信的。当然，这个动作的另一个含义是紧张不安，如那些初次登台演讲的人，紧张时也常会搓手掌。

2. 遮住嘴巴

当客户说谎时，他们往往会不自觉地用自己的手遮住嘴巴。遇到这种情况，你应该停止谈话，并询问客户："您有什么问题吗？""我发现您不太赞同我的观点，让我们一起探讨一下吧。"这样就可以让顾客提出异议，销售员也有机会来解释自己的立场并且回答客户的问题。

此外，将手指放在嘴唇之间的手势，是内心需要安全感的一种外在表现。所以，遇到做这个手势的客户，你不妨给予他承诺和保证，这将是非常积极的回应。

3. 触摸鼻子

美国芝加哥嗅觉与味觉治疗与研究基金会的科学家们发现，当人们撒谎的时候，一种名为儿茶酚胺的化学物质就会被释放出来，从而引起鼻腔内部的细胞肿胀。科学家们还通过可以显示身体内部血液流量的特殊成像仪器，揭示出血压也会因为撒谎而上升。这项技术显示人们在撒谎过程中鼻子会因为血液流量上升而增大。血压增强导致鼻子膨胀，从而引发鼻腔的神经末梢传送出刺痒的感觉，于是人们只能频繁地用手摩擦鼻子以舒缓发痒的症状。所以，销售员与客户交谈的时候发现顾客触摸自己的鼻子，那很有可能是客户在撒谎。

4. 揉擦眼睛

实验表明，大脑通过摩擦眼睛的手势企图阻止眼睛目睹欺骗、怀疑和令人不愉快的事情，或者是避免面对那个正在遭受欺骗的人。如果客户表面上看起来对销售员的话很感兴趣，实际上却时不时地用手揉擦自己的眼睛，那表明他们在说谎。

5. 抓耳朵、揪头发

当销售员和客户谈妥之后，销售员拿出订单要客户签字时，客户却抓耳朵、揪头发等，这些细微的动作则表示客户对你的产品不是真正的感兴趣，也许他只是嘴上承认你的产品有多好。

6. 抓挠脖子

在客户与你交谈的过程中，如果他时不时地用手指抓挠脖子，那是客户疑惑和不确定的表现，等同于他在说"我不太确定是否认同你的意见"。即便客户说"我非常喜欢贵公司的产品",同时他却在抓挠脖子,那么,我们可以断定,实际上他并不喜欢。

7. 拉拽衣领

德斯蒙德·莫里斯发现了一种现象,就是撒谎会使敏感的面部与颈部神经组织产生刺痒的感觉,于是人们只好用摩擦或者抓挠的动作消除这种不适。所以,如果顾客频频拉拽衣领,很有可能是在说谎。

这是因为撒谎者一旦感觉到自己的话受到了质疑,那么他们的血压就会增强,增强的血压会使其脖子不断冒汗,因此他们不得不去拉拽自己的衣服。只要客户和销售员交谈时出现了这样的动作,那么几乎可以肯定地说,客户是在说谎。

8. 手托下巴

人体在直立时,头部是由颈部来支撑的,而人在思考时需要精力的高度集中,如果能够减轻颈部负担,则可以有效增强头部的稳定性和血液的流通性。所以,手托下巴是一种非常有助于思考的手部动作。

9. 手伸进兜里摆弄东西

不少人喜欢将手伸进口袋里摆弄硬币、钥匙等。事实上,喜欢摆弄硬币的人,其心理诉求无非两种:一是把钱看得非常重;二是缺钱,希望马上获得钱财。而习惯摆弄钥匙等小玩意的人,可能是在提醒别人:"你应该重视我"。

10. 背手

这类人一般充满自信,心态成熟,遇事也会冷静处理,给人一种镇定自若的感觉。

11. 十指交叉

如果客户十指交叉并遮住一半的面部，一般是在隐藏自己的感觉，或是对销售员的话不感兴趣。如果客户突然把交叉的十指松开，并配合身体前倾，说明他想发表自己的观点，或者想离开。此外，十指交叉也表示焦虑或紧张不安的情绪。

总之，销售员在与客户交往时，为了更多地了解对方，应该多留心一下他的双手，因为它不仅是双手，还是性格特征的外在表现。

"脚语"有时比"手语"更值得信赖

人体的哪个部位最诚实,最能揭示一个人的真实意图呢?

英国心理学家莫里斯经过研究发现了一个有趣的现象:"人体中越是远离大脑的部位,其可信度越大。"因此,我们的脚才是人体中最诚实的部位。

为什么人的脚能够如此准确地反映人们的情绪呢?其实,早在几百万年前,人类的脚就已经能够快速应对周围的情况了,这种反应甚至不需要理性的思考。人的边缘大脑可以确定脚能够在需要时做出相应的反应:停下来、逃跑或踢向敌人。这种生存机制是从祖先那里继承来的。

但在生活中,我们与人相处总是最先关注对方的脸,所以人们都在借一颦一笑撒谎。手位于人体的中间偏下,诚实度算是中等,人们多少利用它说过谎。脚远离大脑,绝大多数人都很少留意这个部位,它比脸和手的诚实度更高,于是构成了人们独特的心理泄露——脚语。

通过观察不难发现,人的心情不同,走路的姿势也不同;人的秉性各异,走起路来也有不同的风采。脚语是一种节奏,是为情绪打拍子的,如同舞场的旋律。"暴跳如雷"是自然界的快节奏和重节奏;"春风得意马蹄疾"是快旋律的轻节奏。

脚语除反映人的情绪外，还可以反映人的性格品质。如果一个端庄秀美的女子走起路来匆匆忙忙，脚步重且乱，就可断定这位女子一定是个性格开朗、心直口快的人；反之，看上去五大三粗，走路却小心翼翼，这样的人一定是外粗内细的精明人。

事实上，人的心理趋向往往是从脚语中泄露出来。诸如，坐下来就跷起二郎腿，表明其具有不服输的精神。若是女性跷起二郎腿，则表明其对自己的容貌有足够的信心，也表明其有强烈的自我表现欲望。此外，人在站立时，脚往往朝向主体心中关注的方向或事物。这点在生活中尤其多见，譬如三个男人站在一起聊天，表面看他们在认真交谈，都没有理会站在一旁的漂亮姑娘，但仔细观察他们的脚，你不难发现他们每个人都有一只脚的方向对着她。也就是说，每个人都在注意她——他们的脚语泄露了各自心中的秘密。

曼彻斯特大学心理学系主任杰弗里·贝蒂教授数十年来一直研究人的"脚语"。英国《每日邮报》曾对他的研究进行过报道。

我们通常最先关注到人的表情和手势，却没有意识到我们的脚"说"了很多内容，通过观察一个人移动脚的方式，可以一窥此人的内心世界。贝蒂教授用男女关系举例说，女性站在男性追求者面前，如果其一条腿前伸，表明她喜欢这名男性；如果双脚交叉或者不动，表示不感兴趣。当然，这种"脚语"并不适用于男性。

如果一名男性感觉紧张，会通过增加脚步移动来表达这种情绪。而女性则相反，如果她们感觉紧张，就会保持双脚不动。

此外，研究还发现"精英"男性和女性的腿脚动作相对较少，因为他们喜欢主宰对话过程，同样喜欢控制自己的身体。性格外向者脚部动作少，害羞者脚步移动相对频繁。自大傲慢的人通常能更好地控制身体，脚部动作也少。

可见，通过观察脚部动作，我们还可以判断一个人是否在撒谎。如果一个人的双脚完全静止，安分得有点过分，那他很可能在说谎。

贝蒂教授说，不少人认为，一个人说谎时会因为紧张而增加动作，但事实上，说谎者往往发出完全错误的信号。"每个人都关注眼睛和脸部，但人们善于控制（那些部位的）动作。"他说，"因此，是否说谎的可靠迹象是脚部动作。"

对于销售员而言，发现顾客脚部的秘密语言，在很大程度上就能够了解其性格特征、情绪和心理状态，甚至对所推销产品的看法。因此，销售员一定要善加利用。

小白大学毕业后进入了一家大公司做销售员，在入职培训阶段，一位老员工向他们讲了如何读懂顾客的脚部动作促进销售的案例，小白觉得很神奇。培训结束后，小白被分配到公司的专营店工作。

一天，当小白向一位顾客介绍完自己的产品后，便询问顾客觉得产品如何。这时，她发现顾客的脚开始变得活跃起来，她知道这位顾客应该对自己的产品很满意。

接着，小白又给这位顾客介绍了一下同类产品的情况，顾客听着介绍，刚才活跃的两只脚顿时停了下来。注意到这一点后，小白询问："您有什么其他的想法吗？"

顾客惊讶地问："没有啊，你怎么知道我有其他的想法呢？"

小白笑着说："我能感觉到您对我们这款产品有些顾虑。"

顾客说："你猜对了，刚才我以为这款产品很适合我，但是刚才听了你对同类产品的介绍，我感觉那个品牌的价格便宜些，更适合我！"

"嗯，那款产品也确实不错，所以我才拿来做对比。不过从专业的角度我还是建议您购买我们的这款产品，因为无论是从品牌还是做工来看，您都会发现区别还是很明显的。"小白坦诚地说。

最终，这位顾客因为小白的坦诚，还有独到的观察力，决定购买他推荐的产品。

销售员应该学会通过观察顾客的脚部动作来探知其性格和心理，以便及时、有效地调整销售策略，从而保证自己与顾客的交易取得成功。那么，我们该怎样通过观察一个人的脚部动作来窥探出一个人的内心呢？

1. 张开双腿

如果顾客双腿张开，稳坐在椅子上，说明他此时很自信。面对这类顾客，销售员不能畏缩，要相信自己的产品确实能够给顾客带来好处。此外，销售员在态度上既要彬彬有礼，又要不卑不亢，介绍产品时条理要清晰，让顾客感受到你的专业，这样才能让对方更容易接受。

2. 单腿直立

单腿直立，另一条腿或弯曲或交叉或斜放在一侧。当人们做出这样的姿势时，身体的重心往往会放在一侧的臀部和腿上，从而使得另一条腿得到休息。

这是保留意见或轻微拒绝的意思，也可能是感到拘束和缺乏信心的表示。销售员应该冷静分析一下顾客此时到底在想什么。

3. 腿脚并拢

双腿合并，双脚并拢，双手自然下垂，这是一种非常正式的站姿，显示出一种中性的态度。

当顾客摆出这种站姿时，说明他们并没有明显的去或留的倾向，这只是一种不置可否的信号。

4. 脚踝相扣

人们在自我克制时，会不由自主地将脚踝紧紧交叠。做出这一动作时，男人通常习惯将双膝敞开；而女人则会尽量并拢双膝，减少两腿之间的缝隙。当一个人脚踝相扣时，他的内心便产生了"紧咬双唇"的潜意识，显示出其正在努力抑制某种消极情绪或是缺乏把握，同时还会表现得沉默寡言。

在销售环节中，顾客的脚踝相扣可能是内心犹豫、松动的外在表现。假如顾客对交谈特别投入，那么，他的双脚就会自然地伸向前方。

5. 转向脚

一般情况下，人们都会将身体转向自己喜欢的事或人。销售人员也可以通过这种信息来判断顾客是否愿意与自己交谈。

如果你看到两个顾客正在谈话，很想加入他们的讨论，但你又不确定他们是否欢迎你的加入。怎么办呢？你只需要观察一下他们的身体和脚的动作就可以了。如果他们移动自己的身体和双脚来欢迎你，那么，他们是真心实意地欢迎你；如果他们没有移动双脚，只是转了转身说了声"你好"，那就表示他们不欢迎你。

6. 脚尖跷起

销售员在与顾客交谈时,如果顾客坐在椅子前端,脚尖跷起,呈现一种殷切的姿势,说明其愿意与你合作,是积极情绪的体现,这时,只要销售员善加利用,双方就能达成交易;如果顾客在说话的过程中身体挺直,两腿交叉跷起,就表示防范与怀疑的态度,这时,销售员就要调整策略,想办法赢得顾客的信任。

7. 跷二郎腿

如果顾客跷起的腿呈现一个角度,说明他很执拗,性格刚强和好斗,你很难说服他。这时候,销售员一定要有自己的坚定立场和原则,以免在交谈中落入下风。

其实,在销售实践当中,也有很多顾客的脚部动作比较少,因为他们不仅喜欢主宰对话过程,还喜欢控制自己的身体。销售员要想窥探出这类顾客的内心想法,就要善于识别常见的脚部语言,并在交谈期间细心观察。

坐姿中蕴藏的玄机

在销售中，当销售员与顾客进行谈判的时候，顾客的不同坐姿可以反映出他不同的态度和心理。销售员要善于从顾客的坐姿中发现有价值的信息，摸准顾客的内心，为自己的销售提供指导，增加成交的可能，提高销售量。

由此可见，坐姿在很大程度上反映了一个人的心理状态。各种坐姿蕴含了顾客怎样的心理？这些微小的细节又能传达给你一些什么样的信息呢？

老板让施利芬去拜访一位难缠的客户，之前公司已经派出多位销售员，但是每一个都垂头丧气地回来，哭丧着脸说："这真是一位很难缠的客户，简直无法沟通，所以对于这种客户还是不要浪费时间了。"在听了同事们的抱怨之后，施利芬知道这次工作的难度，所以没有贸然前去拜访，而是花了充足的时间来搜集这位客户的资料。准备充分之后才预约了这位客户。

施利芬如约来到客户的办公室，这位客户确实如同事们所说的那样，甚至都没有起身迎接，还把双脚放在办公桌上，仰在椅子上看着施利芬。施利芬见对方这样的态度没有立即落座，而是非常郑重地对客户说："您好，先生,或许是我之前的同事给您带来了不快,还请您谅解!"

客户听施利芬这么一说,立刻有点尴尬地把脚从办公桌上拿下来说:"请坐吧,至少你比你的那些同事要懂礼貌得多!"

施利芬坐在客户前面的椅子上,仍旧满脸恭敬地说:"看来或许是真的,我的同事给您带来了不快,在此我再次真诚地给您道歉。"

客户听后,满面笑容地说:"看来你是真的和你那些同事不一样呢,来吧,让我们谈谈合作的事情。"至此,这位傲慢的客户彻底放下了抵触的情绪。

坐姿作为一种最常见的动作习惯,从坐姿细微的区别可以推测出这个人的性情轮廓以及为人处事的方式。如果你是个有心人,在接触客户后的三至五分钟内,即使你们之间没有交谈,你也能大致了解对方的性情。下面我们分析不同的坐姿透露出的不同心理。

1."弹弓式"坐姿

所谓"弹弓式"坐姿,就是对方把一条腿放在另一条腿上,形成数字"4"的形状,这种坐姿还伴随着把手放在后脑勺上的动作。这种坐姿是一种自信的表现,意味着冷酷、无所不知,很多男性都会用这种坐姿来彰显自己的强势。客户通常用这种姿势给销售人员施压,或者故意营造出一种轻松自如的假象,以此麻痹销售人员,好像在告诉销售人员:我很镇定,我不会上你的当。

针对这种客户,销售员最理智的做法就是要弄清楚对方是故弄玄虚还是真情流露。你只需要跟他一起做出"弹弓式"姿势就能有效地应对他的挑衅,因为通过模仿他的动作,你们之间又重新回到了平等的地位。或者你可以身体前倾,摊开手掌对客户说:"我知道您可能对我的话有些成见,能和我分享一下您的想法吗？"说完后，你再靠在自己的椅背上，看对方作何反应。如果你没有其他方法打破僵局，继续和客户纠缠不清，结果只会越来越糟，所以不如尽快结束对话，改约下次的会谈时间为妙。

2. 起跑式坐姿

如果在会谈过程中，客户有收脚的动作，则是在传达一种负面信息。如果客户还表现出身体前倾，双手分别放在两个膝盖上，或者身体前倾的同时两只手抓住椅子的侧面，就像在赛跑中等待起跑的运动员一样，则是一种希望结束交谈的暗示。即使对方在收脚动作后没有起身，也多半会双脚点地呈全身收缩状态。

如果销售员在会谈过程中看到客户有明显的上述行为，最好重新引导他们对你所推销的产品产生兴趣，或者尝试转换话题的方向，或者干脆结束你们的会谈，以在此次会谈还没有完全破裂前，争取到下次会谈的机会。

3. 军人式坐姿

这种正襟危坐、双腿并拢、中规中矩得像军人一样的坐姿，如果出现在和谐融洽的氛围中，并且客户在听完你的陈述后，甚至还做出抚摸下巴的动作，那么这个时候你可以大胆地询问对方的想法。你多半能得到肯定的回答。

相反，如果在销售人员给予购买意见之后，客户先是抚摸下巴，继而双臂交叉的话，这笔生意很可能就谈不成。而且，销售员在面对这样的客户时，最好不要耍滑头，以免让他们反感。

4. 把腿放在椅子的扶手上

当客户把腿放在椅子的扶手上，意味着他想借椅子获取支配与控制的地位，同时也希望借椅背来保护自己。这种坐姿说明客户对销售员谈的内容漠不关心。这类客户虽然看上去比较轻浮，但实际上心思极为缜密，他们很可能是故意迷惑对方，因此销售员绝不能喋喋不休地谈论自己产品的优势，这只会让对方更加反感。此时最好的做法就是让对方把腿放下来，正视你所讲的内容。

你可以站在或者坐在他的身后，因为这样能够让他感到自己容易遭受攻击，从而不得不改变坐姿。

总之，坐姿反映的是一个人复杂的内心世界，因此，在你面前的客户的任何坐姿，你都要能识别其中的含义。

空间距离映射心理距离

美国人类学家爱德华·霍尔通过多年的观察和研究,发现了人们之间的4种距离。

(1)亲密距离:0.15~0.45米,这是父母、恋人、夫妻及关系比较密切的同伴之间的距离,这个区间彼此伸手可触,可轻易给对方以爱抚、安慰和保护。

(2)个体距离:0.45~1.2米,这是朋友之间的距离,在此区间内对方的表情一目了然,适合促膝谈心,也比较适合拥抱或抓住对方的手臂等更亲密的肢体交流。

(3)社会距离:1.2~3.6米,这是同事之间及正式社交场合中人与人之间的距离,此区间超越了身体能接触的界限,给人一种庄重感和严肃感。

(4)公众距离:根据距离的远近又可以分接近型(3.6~7.5米)和远离型(7.5米以上)两种,这样的距离比较适合于演讲等公共场合。

由此我们不难看出,空间距离从一定程度上反映了人们彼此之间在心理上的距离,距离的远近与关系的亲疏密切相关。对于销售员而言,在销售过程中,要善于通过观察客户与自己之间的距离来透视客户心理,还要积极拉近自己与客户之间的距离,增进情感,从而顺利成交。

周涛是一名办公设备的销售人员,最近一段时间他连续去一家单位拓展新业务。第一次,他刚进公司的大门就被前台小姐拦下了,连负责人的面都没见到;第二次,他好不容易见到了该公司的经理,但对方似乎对此并不感兴趣,草草谈了几句就借口有工作要处理便出去了……

但是周涛并不甘心,当他第三次来到该公司时,恰好碰上那位经理和他的秘书正在费劲地搬一台打印机。眼疾手快的周涛赶紧上前帮忙,一直到打印机被放置妥当调试正常。之后,经理热情地让周涛坐下休息,并亲自倒了一杯茶递给周涛。

接下来的聊天过程中,周涛自然而然地谈及自己来此的目的,并将自己的产品做了简明的介绍。经理俯身认真听了周涛的介绍后,继而又把自己的椅子往前拉了拉,表示同意先试用他的办公设备,如果效果良好,就可以长期合作。

不可否认,销售人员与客户接触之初,客户有意疏远你,对你避而远之是情理之中的事情。但你不能因此而灰心,而是应该想方设法地缩短彼此之间的距离,使客户的心渐渐地向你靠拢,接受你和你的商品。

心理学研究表明:空间距离与心理距离是密切相关的。每种关系都有着不同的距离范围,陌生人之间不会离得太近,亲人之间不会离得太远。

通过彼此之间的空间距离,一般能够比较准确地判断出你与对方的关系和密切程度。销售人员可以通过在与客户会面时客户与你保持的空间距离,来衡量客户与你之间的心理距离,从而洞察客户的情感变化,并善于运用空间距离的转换,使客户的心不断地向你靠近。

那么,销售人员如何通过客户与自己接触时的空间距离来判断客户对产品的认可程度呢？

（1）如果客户始终把你拒之门外，或者和你保持着很远的距离交谈，这种情况下说明客户对你的抗拒和防范心理十分严重，交易很难达成。

（2）如果客户和你面对面隔着茶几或者办公桌坐着交谈，这种情况下表明客户认可你本人以及你推销的商品，交易成功的可能性也就比较大。

（3）如果客户愿意坐在你的身边，听你详细地讲解，这种情况下只要你的产品符合他的需求，他就会选择购买。

因此，销售人员可以通过转换谈判场所来缩短彼此之间的距离，比如把会见的地点换成茶馆、咖啡厅等比较休闲的场所，创造一种轻松和谐的氛围，减少心理上的陌生感，使双方的心理距离自然拉近。同时，销售人员还要善于借助各种社交活动，如棋牌、保龄球等娱乐方式，来了解客户，和客户尽快熟悉起来，并增进彼此的亲密感。

当然，销售人员在与客户接触的过程中，一定要与客户保持适当的距离，不能太过接近，要注意保持必要的礼貌和尊重。如果销售人员和客户的距离靠得太近，则会给客户带来压迫感，甚至会引起客户的反感。

折射在酒中的客户心理

作为现代交际场所的必需品,酒不仅仅是融合人与人之间关系的佳酿,也是揣摩对方心理的工具。酒在销售中所起的作用是难以估量的,它不但能营造了一个良好的气氛,加深了彼此之间的感情,最为重要的是它还可帮助销售人员成功地抓住客户的性格,从而有利于销售的成功。

细心的销售员会在酒桌上发现,酒的种类和客户的性格往往有着某种联系。注意客户对酒的选择,以及他们举杯的姿势和喝酒的风格,从这些细节中销售员能够分析出客户的性格,从而在相处时有所留意,对顾客做出积极的引导。

王建是一名房地产公司的销售员,有一次他约客户在酒店谈生意。他问客户想喝点什么时,客户说:"我只喜欢喝红酒,其他的酒我一概不喝。"王建突然想起有次和朋友聊天时,朋友告诉他喜欢喝红酒的人都是性格慷慨、追求高雅,并且实力非常雄厚的。

于是,他就向客户推荐了一套质量最好的房子,他竭尽所能地向客户介绍房子的设计之独特,风景之优美,品位之高雅,住在这样的房子里,正好与其身份相匹配。虽然价钱有点贵，但它绝对值这个价。令王建惊喜的是，客户开心地说："价钱我不在乎，只要房子好。"客户实地看房之后，买卖就成交了。

在这个案例中，王建就是通过客户喜好红酒初步了解了客户的性格，从而确立了正确的销售策略。可以说，在这则成功的销售案例中，酒让销售人员王建成功地找到了销售的突破口，从而掌握了销售的主动权，使销售朝自己希望的方向发展，推进销售的成功。

那么，酒和客户的性格之间究竟有什么联系呢？

1. 喝白酒的客户

白酒的度数一般以40度为界线，高于40度属于高度白酒，低于40度属于低度白酒。

那些选择低度白酒的客户往往思想保守，人际关系融洽。他们拥有积极乐观的生活态度，可是有时"心太软"，即使是伤害过自己的人向自己求助，也会不计前嫌，倾力相助。当然，这有时候会成为他们的软肋，容易被别人利用。他们善于营造谈话的气氛，到哪里都受人欢迎。

喜欢喝高度白酒的客户，个性好强，无论什么事情都希望自己能够做主。他们容易向别人袒露自己的心声，对小事漠不关心。他们喜欢反抗权威，热衷于冒险和挑战。

面对喜欢喝低度白酒的客户，销售人员要多示弱，这样容易引起客户的同情，有利于销售成功；面对喜欢喝高度白酒的客户，销售人员要多征求他们的意见，让他们感受到尊重，自然会对你有好感。

2. 喝啤酒的客户

喜欢喝啤酒的客户性格比较温和，喜欢帮助别人，逢迎别人，但他们遇事常常没有自己的主见，不知道该怎么办。

面对这类客户，销售员要主动一点，敢于担当一点，多给他们拿主意。

3. 喝红葡萄酒的客户

喜欢喝红葡萄酒的客户往往干劲十足，不过他们也非常现实，非常注重眼前的利益，对金钱和权力很迷恋。

销售员和这类客户交谈，要注重自己的产品和服务的可操作性，最好多准备一些数据分析，让客户一眼就可以看明白。不过，涉及具体的签单过程销售员不要太过着急，因为这类客户不太喜欢冒险。

4. 喝白葡萄酒的客户

这类客户性情温顺，有时也会富有激情，但并不会保持长久。

销售员对待这类客户，要趁他们心情好的时候采取速战速决的策略，以防止他们情绪低落后做出否定的答复。

5. 喝香槟的客户

选择香槟的客户，一般经济实力都较为雄厚。

销售员在和这类客户打交道的时候必须要做好准备，比如既要讲究着装，也要对时尚、政治、经济等热点话题做一些思想提升，如果能让对方有钦佩的感觉，那谈论产品就是水到渠成的事情了。

6. 喝苏打水的客户

这类客户一般都会有很多奇怪的想法，总是想让自己简单的生活变得妙趣横生，因此与这类人相处往往也会妙趣横生。不过因为这类客户过于理想化，因此他们相对比较敏感。

销售员在与他们相处时要利用他们的虚荣心，懂得欣赏他们，赞美他们，从而弱化对方的心理防线，促成交易。

7. 喝威士忌加水的客户

这类客户一般都颇懂应酬之道，非常擅长人际交往，也非常受人尊重。

销售员与这类客户接触会感到非常愉快。如果销售员在开展工作时遇到阻力，可以多多争取这类客户的支持，相信一定会有所突破。

8. 喝威士忌加冰的客户

这类客户是真正喜欢喝酒的人，他们对事物的判断都是以实用为主，从不装腔作势。与人交往也爱憎分明，很少迁就他人。

销售员和这类客户打交道，一定要信守承诺，一旦你赢得了他们的信任，不管是对销售人员的工作，还是生活，他们都会鼎力相助。

此外，销售人员要明白，喝酒时拿酒杯的不同姿势也可以反映出不一样的内心世界。

（1）喝酒时紧捂杯口的客户虚伪。这类客户多是通过紧捂杯口的动作来掩盖自己的真情实感，他们不愿轻易暴露自己的真实想法，因为害怕他人的选择与自己的期望不一致，也害怕没面子。针对这类客户，销售员最好的应对方法就是奉承他们，以攻破他们的心理防线。

（2）紧抓酒杯并用拇指按住杯口的客户坦诚。用这种动作持杯的客户多是想把酒杯拿得更牢一些，以便接下来一饮而尽。这类人坦诚、豪爽，对于他人的合理请求一般不会拒绝。销售员面对这类客户不要耍小聪明，要以诚相待。

（3）紧握杯子，拇指顶住杯子边缘的客户聪明。这类客户非常理性，他们饮酒会非常有节制，而且如果他们不想喝酒了，也会把话说得很圆满，不会让现场尴尬。销售员在面对这类客户时，介绍完产品要给客户思考的时间。如果对方完全没有兴趣，那么再耗下去也是浪费时间。

（4）握住酒杯的脚，食指前伸的客户贪婪。这类客户虽然看起来很有品位，但却难以掩饰其眼神中透露出的贪婪。你不难发现这类客户比较喜欢和有权势的人打交道，也比较擅长奉承之道。销售员在面对这类客户时要注意自己的着装细节，行为举止也要小心谨慎，不要让对方小觑，否则将很难打开沟通的渠道。

从吸烟看客户的性格特征

很多客户都有吸烟的习惯,这就为销售员了解客户打开了一个窗口,提供了一个渠道。吸烟反映了一个人的内心需要。聪明细心的销售员能够从那一缕缕的青烟中看出客户内心的秘密,从对方吸烟的动作和拿烟的姿势中来解读他的心理和性格,然后对症下药,采取相应的销售策略,最终取得销售的成功。

郝健是一家家具公司的推销员。原先他的推销成绩毫无出众之处,可是后来不知什么原因,他的销售量突然大幅增长,简直不可思议。同僚向他请教时,他笑着说:"我从吸烟来判断顾客的性格,然后根据他的性格来采取相应的销售策略,比如'O'形吸烟法的人往往说的比唱的好听,可是你不能光听他说的话,还要分析他说话背后的内容,否则你会很容易掉进他为你设的陷阱里;而握拳式吸烟法的人则比较自卑,你必须小心对待他,以免一不小心伤害到他的自尊。一般这些方法都是很管用的。"

那么,销售人员究竟如何从吸烟来判断客户的性格特征呢?我们可以从以下两个方面入手。

1. 从客户的吸烟动作来判断

（1）仰头向上吐烟。这样的客户都较为自信，常常给人一种居高临下的感觉。面对这些客户，销售人员一定要不卑不亢，这样才能博得他们的好感。

（2）向下吐烟圈。如果客户向下吐烟，说明他的情绪非常消极，心里有很多疑虑，正在思考一些事情。面对这样的客户，销售人员一定要有耐心，等待客户做出决定。在等待的过程中，你也可以预测一下客户的决定，然后想出相应的策略。

（3）吸烟的速度。客户吸烟的速度往往和对方的情绪密切相关，如果他吸烟的速度很慢，说明事情很棘手，他正在考虑怎样对付你。面对这类客户，你要全盘思考，找出应对之计。

（4）吸烟时不停地弹烟灰。如果客户不停地弹烟灰，说明对方此时内心充满不安或者内心冲突严重。面对这类客户，你要多为客户着想，找出他内心不安和矛盾的根源，然后替他解决，这样你就能成功地"俘虏"他。

（5）刚吸几口就掐灭了。此类型的人自我控制力不强，经常将自己的感情任意表现出来，且上进心不强，做事不负责任，自由散漫，不顾及旁人，还常在不经意间伤害到他人。客户有这样的表现，说明他想赶快结束谈话，或者说他心中已经有了主意。

（6）烟灰已经很长却没有意识到。此类型的人做事非常谨慎，一般用心很深，并且善于将自己隐藏起来，非常自信，这种人通常显得较为固执，由于不善于与人交流，常常遭到误解。不过事实表明这种人一般有较高的威信。面对这类客户，销售员应集中精力探知客户的内心需求，并耐心解答客户的疑问。

（7）香烟快烧到嘴巴，还一直吸。此类型的人做事精打细算，在人际交往方面可能会因此而显得较为吝啬，通常社交能力不强，属于较为节俭的人。有这样表现的客户，销售员可以给予一些小恩小惠，如价格折扣、赠品等，这些都可以引起客户的兴趣，从而引导交易的完成。

（8）点燃一根烟，有时只是应付地吸上几口，其余的就让它燃到尽头。这种类型的人比较注重人际关系的培养，较会尊重他人和尊重自己，通常社交能力较强。面对这类客户，只要产品足以打动他们的心，他们自会做出决断。

2. 从客户拿烟的习惯来判断

（1）用食指与中指的第一指节夹烟。这类客户特别爱干净，很关注细节。这样的客户性格方面较为敏感，偶尔会表现得神经质。工作上，这种人决断力不强，尽管有很好的构想，但缺乏实践的积极性。面对这类客户，销售员一定要小心谨慎，每说一句话、每做一个动作都要考虑他们的感受，以免触及对方关注的细节引起对方的不快，让到手的生意又飞了。

（2）用食指和中指的指根夹烟。这类顾客为人积极，做事干净利落，但有时也因控制不住而随心所欲。他们想做的事情，总是会尽力去做，而且乐于助人。但是这种人韧性不强，只要遭到一次失败就会失去自信，走向极端。面对这类客户，销售员可善加引导，给客户讲明购买商品对他的好处，让对方做出利于成交的分析即可。

（3）用拇指与食指的第二根指节夹烟（手心向外）。这类客户善于社交，有什么说什么，所以也经常惹麻烦。他们富有同情心，但往往会因为嘴巴不严而好心没好报。他们有热情，但毅力不够，很多时候说起来头头是道，做起来却缺少热情，所以常常半途而废。面对这类客户，销售员要多长一个心眼，不但要听他说的话，还要分析他讲话的内容，不然就会被他捉弄。

（4）用拇指与食指的第二根指节夹烟（手心向里）。这类客户城府很深，在他人面前很少说真心话，与人交往警惕性很高，经常会让人觉得难以接近，原则性强，一旦下决心做一件事，就会义无反顾，而且态度十分谨慎，从计划到实行要花很长时间。面对这类客户，销售员要善智善勇，积极地和客户周旋，避免客户的霸王条款。

（5）把香烟叼在嘴边，烟头稍微往上翘。这类客户往往心地善良，为人热情，但免不了情绪化；做事缺少考虑，容易轻信他人；表面看非常积极，像是一个说到做到的人，可经常说出不切实际的意见，容易犯错误；有时不能客观地分析当前的形势，往往使事情发展的结果大好或大坏。面对这类客户，销售员要循循善诱，耐心解答客户提出的每一个问题。当客户的疑虑打消了，成交也就是必然的了。

销售员应该学会发现，善于观察，一个平常的吸烟动作，一个随意地拿烟姿势，都在无声地告诉你客户的性格和心理。观察到了这些情况，无疑对你的销售工作是非常有利的。

此外，在销售过程中，销售员尽量不要吸烟，因为吸烟有害身体健康并且会分散客户的注意力。例如，在销售员抽完一支烟并准备将烟头丢掉时，客户可能会忧虑其地毯、桌面或纸张被损坏。当然，如果遇到会吸烟的客户，销售员要注意吸烟礼节。若是客户先拿出烟来招待，销售员应迅速取出烟递给客户说："先抽我的。"若是对方执意，可双手接烟，并称谢；不会吸烟可婉言谢绝。吸烟时应注意烟灰要弹到烟灰缸里。当正式面谈开始时，应立即灭掉烟，倾听客户说话。

顾客吸引力：
顾客是如何被吸引的

- 销售赢的是心态
- 读懂客户心理，拉近彼此的心理距离

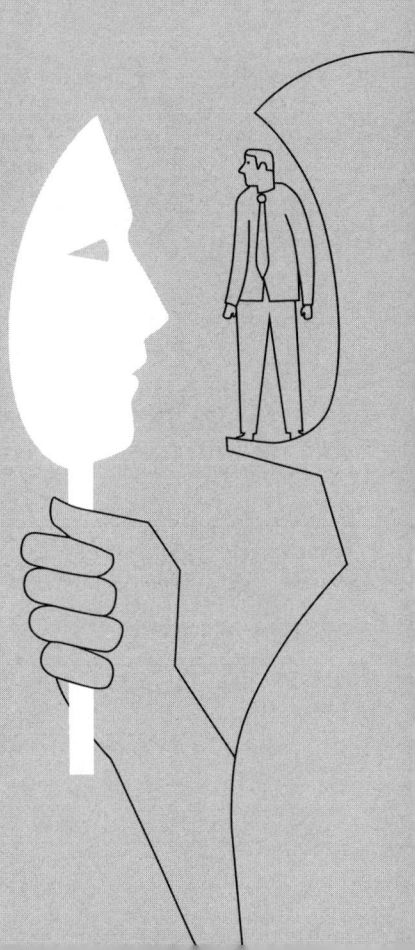

第三章

销售赢的是心态

人性都是有弱点的，特别是在涉及自身利益时，人性的弱点就会表现得淋漓尽致。客户在和销售员接触的过程中，归根结底就是希望用尽可能少的钱获取尽可能好的产品和服务。销售员只要把握好客户的这一心理诉求，就能轻易地从交谈中找到突破口，达到成交的目的。

用微笑拉近彼此间的心理距离

微笑是打破人与人之间关系坚冰的最佳手段，又是给人留下好印象的开始。在销售工作中，销售员保持微笑的表情，那么你的客户就会更容易接受你。试想，有谁能拒绝一位向他微笑的人呢？哪怕他知道你的身份是一位销售员。

世界级推销员乔·吉拉德曾说："当你微笑时，整个世界也都在微笑。一脸苦相没有人愿意理睬你。"纽约一家大百货商店的人事部主任也曾公开表示，他宁愿雇用一个有着可爱微笑的小学未毕业的小职员，也不愿雇用一位面容冷漠的哲学博士。

由此可见，微笑的魅力是无穷的，虽然无声，但最能打动人。微笑是人际关系中最佳的"润滑剂"，无须多言，就能化解冷漠、疑虑和陌生感，快速拉近彼此之间的距离。用微笑去对待每一个人，那么你就能成为最受欢迎的人。

威廉·怀拉曾是圣路易红雀棒球队的三垒手，退役以后却成为美国保险界声名显赫的大人物，号称拥有"价值百万美元"的笑容，他每年完成的销售业绩高达百万美元以上。

在威廉退役之后,原本他认为凭借自己的名气去应征一家保险公司的推销员简直就是轻而易举的事情,但出乎威廉的意料,他竟然被保险公司的人事部拒绝。人事部经理告诉他说,推销员必须要有一张迷人的笑脸,而你没有。听了经理的话,威廉没有气馁,回到家之后他开始仔细研究人们的面部表情,然后对着镜子练习微笑。

就这样,经过几个月的练习,威廉最终练成了那张"价值百万美元"的笑脸,取得了事业上的成功。威廉深深意识到,一个面带微笑的人永远受欢迎。因此,每当他进入客户的办公室之前,他总是停下来片刻,以使脸上呈现出真诚的微笑,然后再进去和客户面谈。就是这种简单的技巧,成了他推销保险的必杀技。

在人际交往中,微笑是表示友好意愿的信号,非常有利于建立信任。作为销售员,不要吝啬你的笑容,在你面对客户时露出微笑表明你对与客户交谈抱有积极的期望。

英国的希尔顿酒店就是以微笑服务著称于世。董事长康拉德·希尔顿每次见到下属经常询问的一句话就是:"今天你对顾客微笑了吗?"他深信微笑将有助于希尔顿酒店世界性的大发展。因此他要求下属牢牢记住:无论遇到什么样的情况,希尔顿酒店的服务员的脸上必须要时刻保持微笑。也正是因为这一点,在1930年美国爆发经济危机期间,同行业倒闭了80%,而希尔顿酒店的则成功度过了大萧条,并在其后迅速发展成为享誉全球的大旅馆。

乔·吉拉德说,有人拿着100美金的东西,却连10美金都卖不掉,为什么?你可以看看他的表情。要把自己推销出去,面部表情很重要,它可以拒人千里,也可以使陌生人立即成为朋友。微笑既是对自己的一种鼓励,也是给自己的一种力量，微笑是可以传递的"兴奋剂"。

在这个世界上，最难战胜的人就是自己。你只有控制好自己的情绪，才有可能把控客户的心理。如果你连自己的情绪都控制不好，更不用谈把控客户的心理了。

事实上，你的客户也想看到一个微笑的销售员，因为那表示销售员在欢迎自己。只有这样，客户的心情才能放松，双方的距离才能拉近，客户也才愿意与销售员进一步交谈，销售工作才可能进一步进行下去。

在一次大型的游艇展销活动中，很多客户都在参观游艇模型。在这次展会中有一位异国的石油富翁对一艘游艇表现出了很大的兴趣，他问展台旁的销售员："这艘游艇多少钱？"那位销售员面无表情地报出了价格。富翁虽然对这艘游艇很感兴趣，但是看着销售员"平静"的脸，便悻悻地走开了。

当他走到下一艘游艇前时，展台的销售员热情地上前招呼着。看着销售员脸上的微笑，富翁轻松了不少，于是随口询问游艇的价格。

销售员满脸笑容地告诉富翁游艇的具体价格，并且做了详细的介绍。就这样，销售员的微笑打动了富翁，在了解了游艇的各项参数之后，富翁很满意地签下了订购单，并且很开心地对销售员说："我很喜欢你时刻微笑的样子，也正是因为你的微笑表示出对我的好感，所以我也很高兴购买这艘游艇。"

毫无疑问，微笑确实给我们的生活带来了许多方便。如带着一种轻松愉悦的心情去同一些满腹牢骚的人交谈，一边微笑，一边恭听。因为微笑，过去令人讨厌的家伙，变成了一个受人欢迎的人；过去很棘手的问题，现在变得容易解决了。

笑脸是美的，是令人喜欢的，销售员的笑脸即使不那么迷人也不要紧，要大胆地笑。要让自己拥有发自内心的微笑，唯一的方法就是你要让自己愉快。如果你的心情很糟糕，没办法微笑，那么你要强迫自己微笑起来。事实证明，如同婴儿般的天真微笑也可以通过训练获得。你可以对着镜子练习，同时在与人打招呼时也要养成微笑的习惯。甚至在平时你也可以把周围的人当成客户练习微笑，并不断积累经验，这样，当面对真正的客户时你就会自然地把笑容露出来。而这种自然、真诚、纯净的笑容，才是真正动人心扉的笑容。

注意倾听，恰当把握客户的需求

上帝在创造万物时，给了人类两只耳朵，却只有一张嘴巴，这就是要我们多听少说。

丘吉尔曾说："说话是银，沉默是金。"沟通活动中，必要时保持沉默会很有价值，你的沉默不仅会让客户认为你受到他所讲的话的吸引，而且也会为你自己赢得揣摩客户心思的时间。

倾听比说话更重要，虽然会说话的人容易引人注意，但会倾听的人却让人感到亲切、关怀，更具吸引力。

有经验的销售员都知道，倾听是销售过程中最重要的环节。倾听是获取销售信息、了解客户基本情况以及客户购买异议的重要途径。优秀的销售员懂得如何有选择地听，有重点地听，而且会在倾听过程中给予客户正确的引导，为客户答疑解惑。

一次，一位知名企业家想购买乔·吉拉德推销的汽车。这位企业家学历不是很高，没有很深的家世，白手起家，但是却很有做生意的头脑。乔·吉拉德像往常一样接待了这位客人，并给他做了最详细的产品介绍，随后还推荐了几款最好的车型。吉拉德原本以为交易会很顺利,但是结果却没有成交。

这让吉拉德非常疑惑,他反复琢磨问题出在哪里,可是总也得不到合理的答案,于是,他拨通了那位客户的电话:"先生,您今天有满意的车型吗?"

"是的,有。"那位先生说。

"那您为什么没有定下来呢?"吉拉德问道。

"你开什么玩笑?现在这么晚了还再问这样的问题?"对方明显不耐烦了。

"哦,非常抱歉。能再多耽误您一分钟的时间,您可以说一下原因吗?您知道这对于一个失败的销售员来说是很有意义的。"

"是这样吗?"

"绝对的!"

"好吧,既然你这样说,那我就说一下,不过你现在确定是在认真听吗?"

"当然,非常专心!"

"但是在中午的时候,你却并没有那么专心。"那位先生说,"原本我是打算要订购的,因为这个车整体来说是符合我的要求的,但是在最后一秒钟我迟疑了,因为我发现你对我所讲的话并没有多大的兴趣,你甚至都没有用心听我讲话,那真是太让人失望了。这就是我离开的原因。"

吉拉德回忆了一下,事实确实如此,当时他的心思全在另一位销售员所讲的很有趣的笑话上了……

有人说,世界上最伟大的恭维就是问对方在想什么,然后注意倾听他的回答。对销售员而言,不仅要学会说,更要学会听。能言善辩是销售员必备的基本技能之一,但是能说往往只是在表达自己,以自我为中心,其实更多的时候,销售员应该学会安静地倾听客户说话,让客户多表达自己,这样才会以客户为中心,让客户感受到重视,满足他们表达自己的心理需求。同时,销售员还可以从客户的表达中,获得有用的信息,帮助自己了解客户的心理，从而实现有效的沟通。

全球知名成功学家戴尔·卡耐基说："在生意场上，做一名好听众远比自己夸夸其谈要有用得多。如果你对客户的话感兴趣，并且又有想听下去的急切愿望，那么订单通常会不请自来。"

或许有的销售员会认为，客户主动说话，销售员被动倾听，这样就会让客户占据绝对优势，而使自己处于较为不利的地位。其实这只是表面现象，实际上，听者反而处于更有利的地位。因为在倾听的过程中，销售员就会拥有比客户更充裕的时间去思索问题。因此善于倾听的销售员，表面上处于劣势，实际是处于优势地位。

可见，倾听是一种有效的销售技巧。善于倾听是销售员最基本的素质，也是探知客户内心世界的一把"金钥匙"，更是获得客户信任、拓展人脉的一种有效方法。

作为销售员，在推销过程中多"听"客户谈他们的想法，谈他们的需求，在听的基础上把这些信息迅速整合，发掘出客户的真正需求，从而采取相应的销售策略，这样才能达到更好的销售效果。

实践证明，出色的销售员必须掌握倾听的技巧，然而这却是销售行业中最容易被忽视的一个问题。通常，在销售产品时，70%的时间是销售员在讲话。

找到充分的理由之前，客户是不会决定购买你的产品的。因此，对于销售员而言，应当激发客户的理性思考，让客户说话的时间占据你们谈话时间的70%，而自己在提供产品之前一直当听众，直到最后，才应客户的要求说出货品的价格，介绍公司所能提供的产品，然后简要说明公司产品所能给客户带来的好处。

在和客户互动的过程中，一定要让客户感到你不是急功近利，而是真诚地在为他提供服务。你可以用手托着下颌，表现出很投入地在听对方讲话；也可以适时地使用一些惊叹词语，比如"天哪""太棒了""太不可思议了"等，以表达你对他积极认可的态度。

当你让客户淋漓尽致地表达完自己的建议后，你也就从中找到了客户的兴趣点，实现销售突破便不是问题了。

当然，做一个好的听众并非易事。好的听众应该专心地倾听，在必要时才附和几句。最具代表性的态度有点头、视线相交、微笑、同情地叹息等。具体来说销售员在倾听客户谈话时，应注意做到以下几点。

1. 用心倾听，了解客户

销售员在倾听时，应充分用心思考，琢磨客户话语的真实含义。如果销售员只顾自说自话，对客户的说话内容充耳不闻，而把倾听的时间用来想应对之策，那就有可能错失了解客户内心真实想法的机会，从而错失销售良机。

2. 耐心倾听

耐心倾听是销售员尊重客户的友好表示，非常有利于拉近销售员与客户之间的关系。无论是不同的观点，还是不堪入耳甚至使人恼怒的话，销售员都要让客户把话说完，切不可粗暴地打断客户的谈话。销售员要善于体察客户的感觉，设身处地替客户着想，不要急于下结论，要争取弄懂对方谈话的全部意思，接受和关心客户，认真帮助他寻找解决问题的途径，当客户感受到你的关心时，将会为销售的成功打下良好的基础。

3. 积极回应客户的问题

在沟通过程中，销售员要有反馈性的表示。可以随对方表情的变化而改变自己的表情，并用简单的肯定或赞赏的词语适当地插话。这样，客户会认为销售员在认真倾听自己讲话，进而愿意更多、更深地讲出自己的观点。销售员也要注意不断将信息反馈给对方，以检验自己的理解是否正确，并引导客户说出更多的内容。

稳中求胜，让顾客变主动

在销售行业，销售员通常是凭借业绩来评定能力的，所以从事销售工作的人一般工作激情都很高，但是在实际的销售过程中，销售员又经常会听到客户表达的诸多不满和异议，这时单凭业绩已经不起作用了。其实，很多时候，有些客户大多是在找借口拒绝购买产品，或是试图以此压低产品价格。对此，销售员如果不能准确识别，就容易失去客户或误入客户的"小圈套"，最终偏离销售主题。因此，对于销售员而言，要根据实际情况制定相应的策略，千万不能急于求成。

俗话说"心急吃不了热豆腐"，这句话对销售工作也有一定的指导意义。我们经常可以看到很多销售员在面对客户时，会直接询问客户是否需要自己推销的产品，这样的开场白会让客户认为你是想尽快赚到钱才这样急切地推销产品，因此客户有了遮掩的想法，他对你的信任度自然而然就会降低。

每位客户都希望得到优质的服务，而不是一开始就被询问是否需要他人推销的某件产品。据有关数据统计，从事一线定点的销售员中有92.7%是女性，这就说明女性的特质——耐心、细致以及韧性，在销售过程中占了优势。所以,销售员在推销工作中,不要在客户面前急于表露自己的销售意图,否则只会引起客户的警惕心理,导致销售工作的失败。

王强毕业后在某公司销售部门工作,他个性好强,希望能在工作中做出好成绩,所以平时工作非常认真,凭着这股冲劲,在入职的短短半年内就因为业绩突出荣登公司的销售光荣榜。

后来,公司陆续招聘了几个优秀的销售人员,业绩也很突出。这让王强有些紧迫感,他心里有些不服这些新同事,想要超过他们。这样的想法无疑是非常积极的,但是表现在工作中,却让王强显得有些急躁,每次有顾客光临,他总是第一个冲上去接待顾客,极力推销产品,希望顾客能够立刻签单,甚至有时候他还会不停地催促顾客做决定,这样的做法无疑让顾客感到厌恶,很快顾客就选择离开了。

王强看着自己的业绩越来越差,心里更加着急,在销售中更加忍不住一遍又一遍地催促顾客购买,如果顾客拒绝,他就会很生气。慢慢地,王强开始变得脾气暴躁,有几次甚至和顾客吵了起来,最后因为顾客的投诉太多,公司不得不让王强先回家休息一段时间。

欲速则不达,王强的急于求成,致使他不仅没有提高业绩,反而弄巧成拙,严重影响了工作。

在销售工作中,抱有急躁心理的销售人员不乏其人。很多销售员工作时心急火燎,总是希望能够尽快和客户签单,一旦客户迟疑一点,销售员就开始沉不住气,对客户一催再催,引起客户的反感。以这种态度对待客户是不正确的,也是不礼貌的。客户可能有着自己的考虑和安排,销售人员应该学会耐心等待,给客户充足的考虑时间,不要一味地急于推销,不断催促。这样做一方面是对客户的尊敬,另一方面也表现出自己的稳重,同时也能避免在销售过程中出现不必要的错误。即使客户拒绝，也不要感情用事，对客户发脾气，或者出言不逊，使自己受到客户以及旁观者的指责和批评，最终失去很多潜在的客户。

容易急躁是一种不良的情绪，对销售员的工作有诸多负面的影响，因此销售员要改正自己的习惯，调整自己的心态，注意工作的节奏感，培养行为的计划性和合理性，保持一颗平常心，从容地应对自己的工作。

毕竟在销售过程中，不会每次都那么顺利，难免会遇到困难和挫折，如果这时还是一味求快，只会事与愿违。稳中才能求胜，过于急躁反而会漏洞百出，即使得到一时的利益，也会对长远的发展造成不良的影响。销售人员在与客户沟通时，要不断地了解客户的需求，获知客户的消费心理，从而成功地销售商品。此外，销售员要适时地进行自我暗示，提醒自己："要冷静点，急躁只会把事情弄得更糟。"

为了能够让客户对你敞开心扉，你必须想客户之所想，在最短的时间内尽可能多地了解客户的身份、经济实力、购买缘由以及购买商品的侧重点等内容，然后适时地抓住客户的心态。

如果在销售工作中客户始终处于被动地位，销售员的工作是很难开展起来的。销售员在做产品介绍时，可以运用一些问题作为每一次产品性能的描述，以此促使客户更多地参与到产品展示中来。这样不但可以让销售人员更好地控制产品展示的场面，还能引起客户更多的注意，活跃展示现场的气氛，并且可以更好地引导客户的心理，促使其最终做出购买决定。

与客户沟通时，客户并不只是被动地接受劝说和聆听介绍，他们也要表达自己的意见和要求，只有这样，销售员才能得知客户的内心需求。因此，让客户多说，自己多听是销售沟通中每个销售员必须学会的技能。

《销售巨人》一书的作者尼尔·雷克汉姆曾经对提问与销售的关系进行过非常深入的研究，他认为：在与客户进行沟通的过程中，你问的问题越多，获得的有效信息就会越充分，最终销售成功的可能性就越大。

弗朗西斯·培根也曾经说过："谨慎的提问等于获得了一半的智慧。"虽然有效的提问对于同客户保持良性沟通具有诸多好处，但是如果在提问过程中不讲究方式和方法，不仅达不到预期的目的，恐怕还会引起客户的反感，从而造成与客户关系的恶化，甚至破裂。

当然，沟通必须建立在客户愿意表达和倾诉的基础之上，如果客户话语不多，那么销售员必须学会引导和鼓励客户谈话，让客户愿意多说。

1. 巧妙地向客户提问

客户一般不愿意主动说出自己的真实想法，如果仅靠销售员一人说个不停，那么这种缺少互动的沟通就显得相当尴尬，且最终必然无效。为了使整个沟通实现良好的互动，并利于销售目标的顺利实现，销售员可以通过适当的提问来引导客户，从而让客户说出自己的真实想法。如此一来，销售员就可以针对客户提出的问题寻求解决的途径。

通常，销售员可以这样提问："我是否能够请教您一个问题？""我想再深入进行探讨，可以吗？""我感到有点困惑，您的意思是……""您能帮我澄清这一点吗？"这种开放式提问可以使客户更畅快地表达内心的需求。

2. 对于客户的问题要当场解答

对于客户提出的问题，销售员应该立即给出客户想要的明确答案。当然，在此用问句来回答问题是个很好的技巧。如"您说的这是个好问题，但为什么对这个方面感兴趣……"这样一是可以避免误解客户的意思，从而及时找到答案；二是可以使客户得到鼓励，他们会因为找到了热心的听众而增加谈话的兴趣，传递出更多信息。但销售员也不要总用相同的方式,如果你觉得对方要求一个明确的答案,就应立即给出。

3. 及时回应客户所说的话

不管是什么样的沟通,如果只有一人在说而另一人毫无回应,谈话将无法进行下去,与客户沟通尤其如此。如果客户在倾诉过程中得不到销售员应有的回应,他肯定会觉得这种谈话很乏味;而及时回应客户说的话,则可以使客户感到被支持和认可,当客户讲到要点或在停顿的间隙,销售员要以点头等方式适当给予回应,这可以激发客户继续谈话的兴趣。

4. 配合恰当的肢体语言

除语言外,恰当的肢体语言,如体贴的微笑、热情的眼神、适当的表情、得体的动作等,都可以给客户鼓励,使其产生交谈的欲望。

让客户多说肯定的话

世界著名推销大师托德·邓肯在总结他的推销方法时说，他会刻意先问客户一些肯定回答的问题，这样当他问过五六个问题并且都得到了肯定答案后，如果他再继续问客户关于购买方面的问题，客户大多数也不会提出反对意见，这个惯性会一直保持到成交。

这其实有点类似于美国的一种科学催眠术，就是在开始睡眠时，首先提出一些让对方不得不回答"是"的问题，这样经过多次问答就可以在达到催眠效果时，使对方形成想回答"是"的心理状态。

在销售实践中也确实如此，即销售员最初的几句话是很重要的。比如，一位销售员上门推销。

"有人在家吗？……您好，先生，我是某某空调厂的销售员……"

"空调？我现在还不打算换空调。"

很多时候，销售员往往是以这种尴尬的结局收场。显然，在对方已经明确拒绝的情况下，再重新寻找新的话题就很困难了。所以，一开始就让人对你采取肯定的态度极为重要。上面那个销售员完全可以换一种打招呼的方式，如改成这样说："有人在家吗？我是某某空调厂的销售员。我们现在有一批新型的空调想请您给提提建议。"这样说，一般人是很难拒绝的。有了这个良好的开端，你就可以争取到第二个、第三个"是"了。

在销售实践中，一旦让客户开始就说"是"，客户便忘了你们之间的争执，并且愿意做你所提议的事。

詹姆斯·艾伯森是纽约格林尼治储蓄所的出纳员。一天，一名客户要开户，艾伯森便让他先填写一些表格，但这名客户拒绝填写表格中的某些选项。面对这名倔强的客户，艾伯森没有告诉对方按照规定必须要如实填写材料，否则储蓄所就会拒绝为他开户。

虽然艾伯森那样做也没什么不对，但这样的态度将使这位客户有不被重视的感觉，从而会失去这位客户。于是，艾伯森耐心地解释说："您拒绝填写的那些内容并不是绝对必要的。但是，我们做一个假设，假如您发生意外，您希望把存在我们储蓄所的钱转移给您的亲属吗？"

"当然。"客户说。

"难道您不觉得应该将您最亲近的亲属的一些资料告诉我们，使我们能够在您万一发生意外时准确无误地实现您的愿望吗？"

"是的。"客户又说。

就这样，简单的两个问题，这名倔强的客户终于相信储蓄所要这些资料的目的是为了他，他不仅把自己的资料全部填写上了，还根据艾伯森的建议，开了一个信托账户，指定他的儿子为受益人，并填写了关于他儿子的详细资料。

事实上，让客户多说"是"并不难，只是销售员们忽略了如何去做。销售员们总是希望客户一开始就同意自己的看法，如果客户不同意，就急切地想驳倒对方以获得对方的认同。销售员或许认为这样做能够显示出自己的高明和专业性，然而不幸的是，这种态度往往会适得其反。其实最好的办法是一开始就让对方说"是"。

雷蒙是西屋公司的一名销售员，在他负责推销的区域内有一位富翁。雷蒙和他的前任一共花了13年的时间向这位富翁推销，直到最近一次终于说服这位富翁答应购买几部发动机。而当雷蒙再次去拜访他的时候，这位富翁却很激动地说以后绝不会再订购西屋公司的发动机了，因为这些东西太热，有一次竟然烫到了他的手。

雷蒙知道与富翁争辩将是徒劳，甚至还会激怒对方。于是雷蒙打算换一种方式来说服富翁："先生，我完全同意您的看法。如果我公司的发动机确实过热的话，您确实不应该再买。您花了钱，当然不希望买到热量超过标准的发动机，是不是？"

"是的。"富翁说。

雷蒙接着说："电工行会的规定是，一台合格的发动机的温度不能比室内温度高72华氏度（约22摄氏度），是这样吗？"

"是的。可是你的发动机却高出了这一温度。"富翁说。

"您工厂的温度是多少？"雷蒙问他。

"75华氏度（约24摄氏度）。"富翁想了想回答说。

"这就对了，"雷蒙笑着说，"75华氏度加上72华氏度等于147华氏度（约64摄氏度）。如果您将手放在147华氏度的水里，会不会被烫伤呢？"

"会的。"富翁心悦诚服地说。

"那么，我建议您最好不要把手放在147华氏度的发动机上面。"雷蒙笑呵呵地说。

"我想你是对的。"富翁说。接着他们又谈了一会儿。后来，富翁成了西屋公司的忠诚用户。

让客户对自己的购买行为表示满意，这是赢得回头客的重要因素。如果客户在你这里购买了一次产品，结果却不满意，那么，这样的客户也就不可能成为你的忠诚客户了。只有客户花钱购买你的产品觉得是值得的，甚至觉得占了很大的便宜，他们才会成为你永久的客户。

在上面的案例中，雷蒙的做法是聪明的。可见，销售员在跟客户交谈的时候，不要一开始就谈论彼此可能有分歧的事。销售员应该先强调彼此都同意的事，并且需要不断地强化这种思维。然后，强调你们双方都在追求的同一目标，试着让客户知道，即使你们有分歧，那也只是方法上的分歧，而不是目标上的。销售员可以首先问一个温和的问题——一个能得到"是"的回答的问题，只有掌握了客户的心理，引导客户做出肯定的回答，接下来的交流才能更顺畅，交易达成的希望才会更大。

快速找到客户的兴趣点

每个客户都有自己的关注点,对于销售员来说,能使沟通更好地进行的要素就是找到客户的兴趣点,打开客户的话匣子,这样销售就有了成功的契机。那么客户的兴趣点到底在哪呢?这就要看销售员平时察言观色的本事了。

对于销售员来说,要使客户对你的态度从排斥、拒绝、漠然处之到对你产生兴趣,接受你的推销,这需要你最大限度地引导、激发他的兴趣。如果双方兴趣一致,那就很容易产生共鸣,迅速消除彼此的隔阂。在这种情感投资的基础之上,实现交易便是水到渠成的事情了。

在某画廊,画商看中了一位画家带来的三幅画,画家标价为每幅250美元,画商虽然对画作非常满意,但觉得价格太高,因此双方陷入僵局。

面对喋喋不休的画商的讨价还价,画家似乎生气了,他干脆从口袋里掏出打火机当着画商的面把其中一幅画烧了。画商看到这么好的画被烧掉,感到十分可惜,他就问画家剩下的两幅画卖多少钱。画家的回答还是每幅250美元,画商还是觉得每幅250美元有些贵,又缠着画家讨价还价。画家不紧不慢地再次掏出打火机,又烧掉了一幅画。这下画商真的着急了,他干脆把最后一幅画拿在自己手里,以防止画家再烧这最后一幅。

画商再次问画家卖多少钱时,画家说道:"750美元,如果你不愿意要,那我就当场烧掉。"最后,画商不得不以750美元的价格买走了这最后一幅画。

在上面的案例中,画家所采用的烧掉两幅画以吸引那位画商的策略不可谓不高明,因为他知道自己的三幅画都被这位画商看中了,所以用烧掉了两幅,剩下的最后一幅画的方法勾起了画商的占有欲望。聪明的画家的做法对销售员而言也有很强的借鉴意义。

在销售过程中,客户购买产品必然是对你的产品感兴趣。不管你的产品有多少个自以为可以吸引客户的理由,面对每一个具体的客户时,必须要因人而异,因为对客户来说可能只有一个理由是最重要的。如果抓不到这个关键点,再多的功能和优势都没有用处。

事实上没有人会在自己不感兴趣的事情上投入过多的精力,如果是自己感兴趣的事情则会情绪激昂地参与进来。销售员在销售中说服客户时也可以利用这种心理,主动去迎合客户的兴趣,拉近与客户之间的距离,从而实现进一步的交流,为最终的销售奠定基础。

华裔日本人安藤百福发明了世界上第一盒方便面后,便一直想打进美国市场。但是方便面毕竟是新兴食品,美国人还从来没有听过"方便面"这个词。对于习惯了汉堡可乐的美国人来说,他们能接受这种产品吗?于是安藤百福针对美国人的情况,采用了"投其所好"的策略。

安藤百福在设计产品时把每盒面的卡路里标识在盒子上面,以适应人们的减肥需要;把面条切得短些,以利于美国人用叉子吃面;还给它起了个

"杯面"的名称，适合于美国人用纸杯吃东西的习惯；把汤的味道做得更符合美国人的口味，再加上个副名，即"装在杯里的热牛奶""远远胜于快速汤"。正是这种投其所好，使方便面一进入美国市场，就受到美国人的热烈欢迎，销售量呈直线上升。

安藤百福的营销策略切中了消费者的需求点，迅速打开了市场。

不仅在宏观市场上如此，人与人相处时更是如此，即人和人之间的行为模式越相似，就越容易形成人际关系。

成功学大师卡耐基曾说："寻找他人的兴趣点，并表露你自己的，交谈将更加容易继续。"这里的兴趣点是指对方关注的或熟悉的事物。在销售过程中，当销售员发现无法与客户建立起顺畅的沟通，不能顺利地进入产品介绍步骤时，应该及时调整策略，瞄准客户感兴趣的事物，以此作为沟通的切入点，顺利打开客户的心扉。

小王是一家汽车销售公司的销售员，在一次汽车展销会上新结识了一家公司的副总，通过简单沟通，双方互留了名片约定以后联系。在这之后，小王试着打电话联系这位副总，但对方说平时都忙，周末难得休息，已经计划约了一些朋友一起去近郊骑行。

恰好小王也是一名骑行爱好者，于是他问对方自己可否加入。那位副总开始感到很意外，但还是很愉快地答应了。周末，小王和那位副总及他的骑友们一起出发了……经过一路的接触，那位副总对小王刮目相看，感慨自己找到了知音。在返回的路上，很自然地聊到了车展的事情，那位副总说自己特别喜欢驾驶豪华的越野车。小王告诉对方他们公司正好刚刚上市了一款新型豪华越野汽车，并与对方约时间看车，对方爽快地答应了。

社会心理学认为，相似性是人际吸引的重要因素，它包括年龄、性别、社会地位、经济状况、教育水平、职业、籍贯、兴趣、信念、价值观、态度等的相似，其中态度、信念和价值观最为重要。

志趣相投的人很容易熟识并建立起融洽的关系。销售员和客户之间也是一种社会交往，如果双方没有共同语言，是很难进行交流的，更别说向客户推销商品了。如果销售员能够主动去迎合客户的兴趣，谈论一些客户喜欢的事情或人物，把客户吸引过来，让客户对你产生好感，把产品卖掉也就成了水到渠成的事情。

在销售过程中，激发目标客户兴趣的方法有很多，无论运用哪种方法，最重要的是要紧扣引发客户兴趣、注意力这个主题，激发他听你谈下去的兴趣。这样才有可能实现你想要达到的沟通效果。

当然，销售员每天都会与许许多多的客户接触，而自己却不是全能的，不可能什么都喜欢，也不可能什么都知晓，并不能够迎合所有的客户。这就要求销售员要博闻强识，了解的东西越多，知识越丰富，就越能够自如地应付更多的客户。一名优秀的销售员一定是一本"百科全书"，他们需要懂很多的东西，即使不样样精通，也要了解大概，一旦某天和客户谈起，不至于因为自己的无知而冷场，导致沟通无法进行。销售人员懂得越多，越能找到和客户的共同点，使彼此相互吸引。

多利用惯性思维引导顾客

心理学家研究发现,每一个人都会或多或少地有一种惯性思维,正是这种惯性思维引导他们做出相应的决定。这一发现对于销售员而言具有非常重大的意义,他们可以积极利用好顾客的这种惯性思维,引导顾客一步一步地走向自己想要的结果,从而成功地把产品卖出去。

一名女士想购买一副银灰色的手套。

她走进第一家商店,问营业员:"有银灰色的手套吗?"

营业员扫视了一眼货架说:"抱歉,已经卖完了。"

这名女士失望地离开了。

她又来到第二家商店,询问:"请问,你们这儿有银灰色的手套吗?"

"非常抱歉,银灰色的手套现在市场上已经断货了,我们也在积极备货中,可能过几天才能到货。不过您是否可以考虑白色手套呢?"营业员热情地回答。

"可是白色手套太容易脏了……"

"但是白色手套也很时尚啊!当然如果您觉得白色手套不耐脏,那就买两副换着戴。不是方便很多吗？"

女士听后觉得也可以，便购买了白色手套。

我们很多的决定就是在惯性思维的影响下做出的。顾客购买产品，有时候也会受惯性思维的影响，因此，销售员要好好地利用顾客的惯性思维。

在销售中，有时往往因为思维不同，或是一念之差，销售员就会错失很多机会。思路决定出路，只有及时转换思维，才有利于成交。

那么，要怎样去利用顾客的惯性思维呢？

1. 揣摩顾客的心理

销售员和顾客谈话的过程，其实就是双方互相揣摩对方心理的过程。有怎样的心理就会说出怎样的话，这一点销售员一定要了解。所以，销售员在与顾客谈话的过程中，要能从顾客的话语中揣摩出顾客对自己的产品是不是喜欢，是否接受了自己的看法。

2. 销售人员要把问题设计好

销售员在与顾客谈话之前，要把想问的问题设计好，这样在和顾客谈话的过程中才能引导顾客的思维。

广告销售员："张经理，您好！请问贵公司有招聘的需要吗？"

张经理："有的，我们在招一个电工。"

广告销售员："请问这个职位空缺多久了？"

张经理："有一段时间了……"

广告销售员："大概多久呢？"

张经理:"哦……有半个多月了吧。"

广告销售员:"啊!这么久了?那您不着急吗?"

张经理:"不急,反正老板也没提这个事。"

广告销售员:"张经理,老板没提这个事可能是因为他事情太多没注意到。但是您想过没有?万一在电工没到位的这段时间,工厂的电器或电路发生问题该怎么办呢?"

张经理:"……"

广告销售员:"张经理,我知道您的工作一向做得很棒,老板非常认可。很多事情不怕一万,就怕万一。万一工厂发生了什么事情,而老板却发现电工还没有到位,那肯定会对您有影响。您为这家公司付出了很多,如果因为一件小事情而受到影响,肯定划不来。建议您尽快招到电工。"

张经理:"你说的好像也有一点道理。"

广告销售员:"我本周六给您安排一场招聘会,您看怎么样呢?"

张经理:"好啊,那就安排一场吧!"

广告销售员:"好的,那麻烦您让人尽快把资料发给我,我好在报纸上帮您做点宣传,确保能招聘到合适的电工。"

张经理:"好的,谢谢你了。再见!"

这就是一次成功的利用设计好的问题让顾客点头的销售案例。所以,销售员只要把问题设计好,那么在与顾客的交谈中就能引导顾客的心理,从而很快达成交易。

让顾客的借口说不出来

通用电气公司前CEO杰克·韦尔奇曾说："从事推销活动的人，可以说是与拒绝打交道的人。战胜拒绝的人，才是推销成功的人。"在销售活动中，不管销售员如何细心和全面，总有些顾客会找出一些拒绝的理由。因此有些销售员会预测顾客会提出一些什么样的拒绝理由，并抢在顾客开口前进行处理与解释，这样就可以先发制人，起到预防顾客拒绝的作用。

事实上，有借口比直接拒绝更有促成销售的可能。只要销售员看准对象，巧妙地加以引导，就会有效地堵住顾客的借口。正所谓盛情难却，当你用无比激昂的热情和真心去感染顾客的时候，顾客就会被打动。

我们经常能看到这样的情景，当销售员在向顾客推销一些产品时，顾客为了避免让销售员感到尴尬和失望，往往会善意地说："你的产品确实很好，不过目前我并不需要，所以等以后再说吧。"这样的话当然要比冷漠地拒绝要让销售员心里好受得多。面对这样的顾客，销售员不仅要向顾客表示感谢，还要邀请顾客随便转转，说不定顾客就会因此而挑选到心仪的商品。即使顾客最终没有选择购买，销售员也要保持礼貌和尊敬，给顾客留下好印象，这样当顾客真的有购买需求时他也会第一个想到你。

而对于那些有购买需求，却借口频频的顾客，销售员则要善于用自己的真心去堵住顾客的借口。顾客之所以会找出各种各样的借口进行推诿，很大程度上是对产品的质量、性能或者价格等方面有所担忧，希望销售员做出解释或让步。如果销售员不懂得顾客的心理，只是自顾自地推销，那么顾客也只能不断地寻找新的借口加以回绝。而如果销售员能看透顾客的心理，主动询问顾客是不是因为质量、性能而担忧，或者因为价格太高而犹豫，并站在顾客的角度提一些合理的建议，顾客就会乐意接受，并信赖你。

一位女士到商场闲逛，在一个服装柜台前驻足停留，销售员小莉赶紧迎上来给她介绍了几款新款服装。结果那位女士不是觉得服装板型不好，就是觉得颜色不合适。最后，服装几乎都看完了，也没有为顾客找到一套合适的衣服。但是小莉并没有抱怨，而是很真诚地向女士道歉说："小姐，真是不好意思，浪费了您这么长时间，也没有为您找到一套合适的衣服，真是很抱歉。"

听到小莉这么说，那位女士反而觉得有些过意不去，对小莉说："没关系，我自己再转转，再想想哪套衣服比较适合我。"说完，她径直走到对面衣架，拿起一套衣服端详起来。其实这位女士看中了这套衣服，只是觉得价格太贵，虽然才试穿了一下其他的衣服，但总感觉不如这套衣服好，所以才一直犹豫。

小莉看到那位女士期望的眼神，慢慢地走过去对她说："这也是今年的新款，属于休闲类的。穿起来也很时尚，喜欢的话您可以试穿一下。"

女士犹豫地说："不用了，相对来说，这件衣服我还是比较喜欢的。"

小莉说："没关系，您试穿一下吧！对了，这套衣服正在做活动呢，可以享受八折的优惠价。"

听了小莉的介绍，那位女士决定试一试。结果穿起来效果真的不错，只不过她还是觉得价格有点贵，于是拿着衣服里外翻看起来，最后她竟然发现在衣服袖口的里衬处有一个污点。小莉解释说这估计是在包装过程中不小心弄脏的，但绝对不属于质量问题。这位女士还是希望能够在价格上优惠一些。

于是小莉对女士说："好吧，我知道您也是真心喜欢，虽然您认为这件商品有瑕疵，但您知道这绝对不属于质量问题。这样吧，原价395元，打过折以后是316元，我现在去找经理说一下，看能不能把零头去掉，您看怎么样？"

女士点点头。小莉说："那您先稍等片刻，我去找经理说说，但是我不能保证一定可以说服经理降价，我只能尽力而为！"不一会儿，小莉高兴地回来说经理同意了。那位女士被小莉的真诚感动，对小莉连连道谢，并保证下次还来小莉这里购物。

小莉以不厌其烦的敬业精神，以及对顾客真诚的服务，最终感动了顾客，也赢得了顾客的信赖，将其发展为回头客。

其实，在面对顾客的诸多借口时，销售员不要认为是对自己的否定或是对产品的拒绝。而应该听出顾客的话外之意，仔细考虑顾客是不是就真的不需要。如果需要，如何才能让顾客接受。对于那些拿不定主意的顾客，销售员首先要学会和他们沟通，从谈话中了解顾客的性格特点，寻找顾客犹豫的心理根源，找出突破口，堵住顾客的借口，让顾客满意地接受。

实际上，在销售实践中，大部分顾客总是想买到更便宜的商品，这是人之常情；一些顾客有一种强烈的自我表现欲，希望在讨价还价中显示自己的能力；一些顾客对销售员及其产品的价值不太信任，怀疑它不值那么多钱，怕自己吃亏上当；一些顾客以价格为借口，想获得其他方面的优惠；一些顾客想试验一下销售员对价格的态度到底如何，以便了解到产品的真正价格；一些顾客先入为主，对产品的价格早有看法，他过低地估计了生产成本；一些顾客眼下的经济状况不佳，支付能力有限；一些顾客根本就没准备花太多的钱来购买销售员的产品；甚至一些顾客想从同类商品经销商那里购买产品，以促使你降价……

  当然，上面列举的只是销售过程中部分常见的原因，很明显，实际情况更复杂。销售员只有掌握了顾客的心理和动机，才能在销售活动中灵活自如地应对。销售员要想成交，首先就必须分析出在顾客种种借口的背后，究竟是哪一种动机在作怪。唯有如此，销售员才能摸准顾客是否有意购买或愿意花多少钱购买商品，从而采取正确的对策。

适当给顾客一些紧迫感

在销售活动中,销售的职业特点决定了销售员在工作中要遇到形形色色的人:有的温顺,有的固执,有的开朗,有的怪异。遇到容易被说服的顾客,可以很容易实现销售目标;但是遇到难缠的顾客,沟通难以进行时,也不要气馁,这也是销售员锻炼自己销售技能的绝佳机会。不要因为顾客难以应对就胆怯退缩,这对你的销售工作是有害无利的。面对这种顾客,你要学会适时地"威胁"他们,这样你才能促使顾客下单。

这样的例子不胜枚举,譬如,在一个房间的墙壁上贴上"不准进入"的纸条,这会激起很多人想进入房间一探究竟的冲动。同样,在推销活动中,如果销售员适时地告诉顾客过了一定的时间段将不再供货,那么顾客购买的欲望将会更大。

销售员在碰到态度恶劣的顾客时,也可以试着态度强硬一些,因为顾客有挑选商品的理由,而销售员也应该有拒绝卖出的权利。销售员应该学会说"不",适时地告诉顾客如果不能接受现在的价格,那么你就不卖了——有时候这样反而能够促使交易快速进行。

销售员小肖自从做销售以来,销售业绩一直很好,甚至在很多时候,别人卖不出的产品,她都能很顺利地推销出去。在被问到为什么能这么容易完成交易时,她说了这样一段话:"事情其实说起来也没有那么难,在推销过程中,合作双方的地位应该是平等的,但工作中很多销售员都把自己的地位降得很低,面对顾客只知道服从,甚至是屈从,他们从来都没有想过,单纯地让顾客买你的产品,大多数顾客就会产生'逆反心理',这样的推销方式肯定不行。你只有以平等为基础,给顾客一个合理的价格,并适时地传达出'超过这个价格范围我就不卖'的意思,顾客的逆反心理才会被矫正过来,此时,对于确实需要的产品,他们又怎么可能不接受呢?"

从销售员小肖的话里我们不难看出,适当地向顾客传达"我不卖"的信息也是很重要的。当大多数销售员只会无限顺从顾客的时候,由于你给顾客留下了特殊印象,你被选择的可能性也许会更大。试想,当顾客担心错过这次就买不到了,又怎么会不迅速做出购买决定呢?他们一定都会想:先买回家再说,可不能让别人抢先了。

销售员在与顾客进行沟通的时候难免会面临很多异议。在顾客不能主动购买时,销售员要尽量说服。但若顾客还是不能下定决心,销售员不妨改变策略,适当给顾客施加点压力。比如,在谈判过程中,销售员一定要学会适当使用"威胁"。只要运用得当,无疑会对你的销售工作起到良好的促进作用。

周明是一家室内装修公司的业务员。他最近接触的一个业主计划做房屋装修,经过初步了解,业主预算内的装修费用是7万元,但公司对这一档次的装修费用统一规定是9万元。经过一番讨价还价,业主承诺可以将装修预算提高到8万元,但周明在心里又仔细盘算了一下,要达到业主的要求,工程最低报价也不能低于8.4万元。谈判就这样僵持住了！

双方都在坚守自己的价格底线，而且都在说明自己价格的合理性，但又似乎都说服不了对方。周明收拾了一下桌上的报价单，做总结性发言："好吧，关于价格的问题我已经给您解释得很清楚了，如果按照您要求的材料费用真的不能低于8.4万元。其实我们的分歧并不大，谈了这么久，如果最后因为4000块而前功尽弃，不是太可惜了吗？"

业主见周明这么说，显然有些心动了："那么，我们再各退一步，怎么样？"

"各退一步？我的报价是8.4万元，您给8万元，您说您会涨到8.2万元，是这个意思吗？"周明问道。

"是的，"对方说，"如果你能降到8.2万元，我们就马上成交。"

周明又说："关于价格的问题我刚才真的已经跟您解释得很清楚了，我给您报的已经是底价了，您这个要求我无法擅自做主，我得跟老板商量一下，看看他的意见如何。我会告诉他您给到了8.2万元，看看我们能不能成交。我明天给您回话。"

第二天周明给业主回电话说："唉，我们老板态度强硬！我本来相信自己能让他接受8.2万元的，但我昨天晚上花了两个小时又把您的装修单据过了一遍，我们老板坚持说如果低于8.4万元，我们就会亏本。"

最终，这单生意以8.4万元的价格成交了。

在销售中，这样的"威胁"只是销售员在对顾客的需求经过认真分析的基础上，通过善意的提醒，增强顾客的购买欲望，缩短顾客的考虑时间的一种策略。因此，在与顾客进行沟通时，销售员必须保证自己的暗示是客观、实际的，绝不可以用谎言来欺骗顾客。销售员要基于对顾客的尊重和关心有技巧地进行说服，使顾客坚定购买产品或服务的决心。

第四章
读懂客户心理，拉近彼此的心理距离

卓越的销售员之所以能成功，是因为他们知道如何攻破顾客的心理防线，懂得如何牢牢把握顾客心理。他们可以的，你同样也行！学习和掌握他们的攻心秘籍，在平时多加训练，你一定是下一位金牌销售员！

用热情留住老顾客的心

热情是一个人对所热爱的事物的倾心度。热情加上真诚，是一个人所能拥有的最珍贵的工作品质和生活品质。它能激发我们不断地去追求自我超越，并产生磁力，向着既定的目标前进。

日本著名的推销大师齐滕竹之助认为，即使你语言笨拙，见到对方时只要能热情相待，也一定能打动其心灵。顾客不是为你的推销技巧所感动，而是为你的热情感动。

可见，没有热情就没有销售，如果一个人对自己的工作连热情都没有，这个工作他又怎么能做好，业绩又怎么会突出呢？

实践证明，销售员自身的热情对其成功的作用占95%，而产品知识只占5%。很多初入销售行业的新人虽然没有学会太多的销售技巧，却能不断将产品销售出去，创造相当不错的业绩，其原因就是他们对自己事业的高度的热忱。对于销售员来说，业绩的创造往往始于热情。

作为一名销售员，你所面对的是人，要做的是心和心的交流，如果在工作中充满热情，就能从自身散发出活力，表现出真诚与自信，这种朝气蓬勃的状态能够感染顾客，让顾客相信你的产品和服务，进而达到快速成交的目的。

一名优秀的销售员会永远让自己沐浴在热情的阳光下，因为他们知道只有诚挚的热情才能融化顾客冷漠地拒绝，让顾客被你的行为感染，带你走上销售成功之路。

布兰科夫妇打算买一台空调，于是他们来到电器卖场某品牌空调的柜台前向销售员咨询。

销售员礼貌地和布兰科夫妇打过招呼后，便简单地把该品牌几款空调的功能和价格做了介绍。但是，布兰科夫妇对空调的差异并不是很清楚，想多了解一些，但又不知道具体应该从哪些方面区分。可是销售员却说空调其实没有多大差异，关键看顾客的心理预期价格是怎样的。

对于销售员这样的解释，布兰科夫妇觉得不太靠谱，于是又来到另一品牌的柜台前咨询。这次销售员认真地倾听了布兰科夫妇的需求，在得知他们想把空调安装在卧室时，专门为他们推荐了一款具有静音功能的空调，还给他们仔细介绍了空调的其他功能和这款空调优于其他空调的特点。

布兰科夫妇听了这位销售员热情、详细地介绍后，感觉这正是他们需要的空调，于是当即决定购买了。

热情，对于销售员来说，就是这么的重要！当你拥有一种发自内心的热情时，你的热情就会感染你的顾客，从而让他们接受你销售的产品。毕竟，顾客也是有感情的人，也很容易被销售员的热情打动。

更难能可贵的是，热忱还可以使顾客消除对产品和你的排斥心理，使他们与你达成共识。明白了这一点，当你接待任何一个顾客时，你都应该尽可能多地考虑到自己会给顾客留下什么样的印象：是热忱还是冷漠，是考虑产品对他们的帮助，还是只考虑利润。

热情，是销售员推销成功的利器，只有足够和持久的热情才能融化顾客对待陌生人的冷漠。对于销售员而言，一时的热情容易做到，而持久的热情却很难保持。如果能把热情培养成你性格的一部分，必定能在艰难的销售行业中无往不胜。

现实中，由于顾客的开发是一项比较困难的工作，吸引新顾客的成本至少是维护原有老顾客的5倍，因此更凸显出留住老顾客的必要性。那么，如何才能留住老顾客呢？

1. 让顾客对你满意

提高顾客满意度是留住老顾客的前提条件，只有顾客对你的产品、服务甚至你的公司感到满意，才有留下的可能性。

当然，顾客满意是建立在顾客期望之上的。期望值的大小决定了满意度的高低，而且它们之间是成反比例关系的，因此不要给顾客过高的承诺。当你所提供的水准超越了他们的期望时，顾客会有一种满足感。

2. 让顾客眼里只有你

事实证明，培养老顾客的忠诚，所需的费用远远低于开发新顾客所花费的成本。

要想永远留住老顾客，就必须以优质的服务满足他们的需要，只有知道什么时候该提供什么产品，才能让顾客心甘情愿地与你合作。

3. 及时处理老顾客的抱怨

对于那些提出抱怨的顾客，若问题得到圆满解决，其忠诚度会比从来没有抱怨的顾客更高。

顾客的抱怨，要及时处理，将问题迅速解决或至少表示出有解决的诚意。拖延时间只会使顾客的抱怨变得越来越强烈，顾客感到自己没有受到足够的重视，不满意程度便会急剧上升。

此外，处理顾客的抱怨，要坚持一条原则：不与顾客争辩。这条原则至关重要。就算是顾客错了，也不要与之争辩，心中要始终存有这种观念：顾客是上帝，他们的一切反映都是正常的。

总之，企业要想进一步发展，就应该不断地开发新顾客并留住老顾客，与老顾客建立起友好的合作关系。同理，要想成为一个业绩卓著的销售员，就不仅仅是和老顾客做一次生意，而是和老顾客做永久的生意。只有得到老顾客的支持，才能轻松自如地取得非凡的销售业绩，成为一名高效的销售员。

站在客户的角度思考问题

社会学家曾经做过一次社会实验,当街随机采访路人,询问他们最关心的人是谁?备选答案包括自己的父母、伴侣、孩子,或者其他什么人。受访者会如何回答呢?他们最关心的人会是自己的父母、伴侣或者孩子吗?其实都不是,人最关心的永远都是自己。当我们与人交谈的时候,用得最多的一个字往往就是"我"。如果你仔细观察,不难在生活中发现以下场景。

当你看和别人的合影时,你在照片中最先看到的肯定是自己;当你得知单位被盗之后,你最关心的肯定是自己丢了哪些东西……之所以这样,说明不管你是什么人,不管你在什么时候,内心都是非常关心自己的。人们在处理事情的时候,往往最先想到的都是自身的利益,都会想着要保护自己。

一个人对自己重视是无可厚非的,关心自己是人们最基本的心理。人作为一个独立的生命体在社会上生存,需要满足自身生存和发展,需要进行自我保护,需要获得尊重和承认,需要实现自身的价值,需要得到社会的认可。

要想做好销售工作,销售员就要学会换位思考。对于销售员来说,当他面对一名陌生的客户时，客户或许会面临一些自己解决不了的问题，销售员此时要站在客户的立场上思考问题，设身处地地为他着想，拉近与客户之间的距离，帮助他解决问题。从另一角度而言，客户是销售员的衣食父母，所以在服务客户时，要深入了解客户的想法，试着与客户站在同一立场上，这样才能取得双赢。

但在销售过程中，我们发现很多销售员内心都坚持"以盈利为唯一目标"的原则。于是，这些销售人员为了使自己获得更多的利益，总是不惜去损害客户的利益。他们或者诱导客户购买一些质量差价格高的商品，或者觉得客户买完之后就与自己无关了，对客户在使用过程中出现的任何问题都不闻不问……

这样做固然可以在短时间内获得部分利益，但是从长远来看，对销售员的工作发展却是有害无利的。因为，如果客户事后发现自己的利益受到损害的话，这无疑将会降低他们对于销售员的信任感，长此以往，大量的客户流失也就是必然的了。

因此，销售员在推销产品的过程中，如果能把客户的问题当作自己的问题来解决，而不是做"一锤子买卖"，那无疑会获得客户的信任，客户日后一旦有需求自然会第一个想到你，这样合作才会更加长久。

因此，销售员在为客户服务、向客户推销产品时要学会站在客户的立场上，了解客户的真正需要，为客户提供增加价值和更加省钱的方案，这样销售员才能够受到客户的欢迎。

成功的销售需要坚持互惠的原则。时刻为客户着想，站在客户的立场上看待问题，帮客户想一下怎么才能够省钱，然后自己再从中赚钱。只有双赢才是持久之道，才能拉近你与客户之间的关系。当客户非常信任你之后，才会继续和你合作。在多次合作之后，你从中获得的利润当然会比"一锤子买卖"要大得多。

陈豪是一名工程机械销售员。一次，一个外地客户打来电话询问某型号机器的价格等情况。陈豪听了客户说的大概情况之后，他感觉客户要求的机型配置有点不太合理，虽然按照客户的要求去做，销售额会很高，但是他不打算这样做。陈豪在电话里向客户建议道："我刚才听了您说的大概数据，觉得您报的机型配置有点不合理。当然，按照这样的配置使用起来是没有任何问题的，其实想要达到同样的效果，机器的型号可以降低一档，这样您投入的成本也会适当降低一些。"

"哦，是吗？"对方似乎有些惊奇地说道，"但这些类型的机器是厂里规定采购的，而且是好几个工程师共同决定的，应该不会出现什么错误吧？"陈豪听客户这么说，不禁也对自己产生了怀疑，他赶紧对客户说："这样吧，针对您的问题我再去查阅下相关的材料，并且请教一下厂家的技术人员，看看他们能给出什么样的建议吧！"在接下来的一天里，陈豪和厂家的工程师一起做了详细的技术说明和可行性分析报告，并通过邮件发到了客户的邮箱里。

一个星期过去了，对方终于打来电话，甚至有些兴奋地说："非常感谢你们提供的技术资料，领导对此感到非常满意，我现在就把合同传给你，而且我们公司也决定，你们就是我们的长期供货商了！"

在上面的案例中，销售员陈豪就是一个非常为客户着想的人，他在销售的过程中站在客户的角度上真诚地替他们考虑。也正是因为这样，陈豪才赢得了客户的信任。

作为销售员，多为客户的利益考虑，不仅能让你从与客户的交谈中获得有用的信息，而且，还能赢得客户的信任，进而购买你的产品。

相反，如果在客户还没有做出决定之前，你总是口若悬河地试图说服客户，或者干脆自作主张地帮客户下订单，这样你不但会打断客户的思路，还会让客户感到你强烈的目的性，根本没有站在他的角度上思考问题，结果就可想而知了，最终你很有可能会因为这种"急功近利"而白忙一场。

其实，从本质上讲，销售员与客户之间的关系既不是对立的，也不是此消彼长的，而应该是互利的。所以在推销产品的过程中，销售员要像对待朋友那样对待客户，要亲切地为他们推荐最佳的购买方案。只有这样，彼此之间的交往才会更加融洽。

"精诚所至，金石为开"，把这个道理运用到销售中，让客户知道你真诚的合作愿望，这样会让你的客户在心理上得到极大的满足感，他会认为与你合作非常放心，因为你的态度很诚挚、自然，这样就会很容易促成销售的成功。

用真诚赞美你的客户

每一个人都渴望得到别人的赞美，客户也一样。在销售活动中，如果你能恰如其分地赞美你的客户，不仅能体现销售员良好的文化修养，还会让你的客户产生一种成就感，为促成业务的良性发展推波助澜，从而让其在购买你的产品的时候有一种骄傲的心理，进而对你也会产生好感。因此，懂得赞美的销售员，肯定是优秀的销售员。

试想，有哪个人会让赞美自己的人难堪呢？因此，销售员在推销开始时，适当地赞美一下你的客户，不仅能够有效活跃销售气氛，还会很容易获得对方的好感，进而拉近彼此的距离，使后面的推销过程也变得顺利。

卡耐基曾说，人类最终、最深切的渴望就是做个重要人物的感觉，这也就是为什么多数人喜欢听奉承话的道理。即使他们知道这些奉承话是假的，也仍然百听不厌。

当然，赞美的话谁都会讲，但是在推销当中赞美也要适度，过度的话反而会适得其反。

一名销售员去参加一位重要客户的新婚庆典。

宴会上，销售员发现新娘长得并不是很漂亮，甚至腿部还稍有残疾。但这位销售员为了拉近与这位重要客户的距离，便端着酒杯到新人面前赞美道："今天真是个好日子，两位金童玉女真是天作之合，而且新娘也是如此漂亮，简直是白璧无瑕，太完美了！"这位销售员自认为说得很好，实际上他已经得罪了新婚夫妇。因为大家都听得出他的赞美过于虚假了。

可见，这位销售员如此不顾事实的恭维非但没有收到良好的效果，反而有可能引起新娘的误解，认为这是对方在有意讽刺自己。

心理学家通过社会调查发现，每个人都有天生的自卑情绪，这种心理决定了人们或多或少地喜欢别人赞美自己有才华、有活力、做事细心等，一个人如果长时间被他人赞美，其心情会变得愉悦。

赞美是人类沟通的润滑剂，也是有效运用"移魂大法"的必要技能。作为销售员，不仅要学会赞美，更要学会赞美的方法。赞美也是一门艺术，它的技巧性很强。这就如同作画，胡乱涂鸦人人都会涂几笔，而要画一幅完美的作品，可就没那么容易了。赞美别人要做到轻松自如，得心应手，也要有相应的技巧。否则，反而会增添客户对你的不信任感，拉开你和客户之间的距离。

美国大富翁伊斯曼决定在洛加斯达城捐造"伊斯曼"音乐学校及"凯伯恩"剧院，用以纪念他的母亲。纽约座椅制造公司的销售员詹姆斯·爱德莫生想得到该剧院的座椅合同。当爱德莫生被带进办公室时，伊斯曼正在低头翻阅一些文件，他抬起头，摘下眼镜，看着爱德莫生说："你好，我能为你做些什么吗？"

爱德莫生说："伊斯曼先生，当我在外边等着见您的时候，我很羡慕您的办公室，假如我有这样的办公室，我一定很高兴在里面工作，要知道，我从来不曾见过这么雅致的装潢。"

伊斯曼笑着说:"是啊,要不是你提醒,我似乎都忽略了,这办公室确实不错,当我第一次进来时也是非常喜欢的,只是现在忙于工作,反而没有闲暇来欣赏了。"

爱德莫生环视整间办公室,走过去用手摸摸壁板,赞叹道:"这是最好的英国橡木做的,您太有眼光了。"

伊斯曼说:"是啊,那是从英国采购的橡木。我幸好也略懂一些木料的知识,是我亲自挑选的。"

随后,伊斯曼带着爱德莫生参观他自己当初帮助装饰公司设计的房间配置、油漆颜色及雕刻图案等。爱德莫生从上午10点15分走进伊斯曼的办公室,时至中午他们还在滔滔不绝地谈着。结果不用说人们也会想得到,爱德莫生拿到了10万美元的订单。不仅这样,自此之后他们还成了非常要好的朋友。

爱德莫生从伊斯曼最关心的话题切入,渐渐地说到对方引以为荣的地方,最终达到了自己的目的——顺利成交。可见,作为销售员,要想掌握客户的这种心理,应该观察入微,找到属于客户值得赞美和欣赏的人或物,并充分而巧妙地运用到自己的工作中。

首先,赞美一定要有诚恳的态度,以事实为依据,赞美的内容不可凭空臆想,要注意适度原则。只有态度诚恳,客户才会对你的赞美感兴趣,你才能收到理想的效果。如果你的赞美之词毫无诚意,只是拍马屁或者赞美一些无中生有的事情,客户就有可能把你当作"小丑",结果事与愿违。

其次,赞美必须要找出可赞之处。面对不同类型的客户,赞美的内容也是不同的。这就需要销售员努力观察、发现、挖掘,找出客户引以为傲并希望得到肯定的地方。对于男性客户来讲,他们普遍比较在乎自己的能力以及取得的名利等,因此在赞美男性客户时要在这些方面多下功夫;而大多数的女性客户则比较在意自己的容貌、穿着以及身边的伴侣等,因此与女性客户相处时赞美的重点就应该放在这些方面了。

  总之,无论是谁,对待赞美之词都不会不开心。让别人开心,我们并不会因此而受损,何乐而不为呢?

把握体验心理，让客户早做决定

每个客户在做出决定之前都希望能够彻底了解产品，包括它的用途、性能、造型、颜色、气味、手感等，更希望能够亲自触摸和试用产品。所以，销售员应该给客户提供一个亲自体验产品的机会，成功的销售员能够通过体验在瞬间把客户的视觉、嗅觉、听觉、味觉、触觉都充分调动起来，以此提升客户对产品的满意度。

乔·吉拉德说过，每种产品都有自己的独特之处，只有让客户亲自体验产品，让产品推销自己，客户才能真正感受到产品的价值，才能认可、信赖产品。同时，销售员也可以通过客户的体验找到客户的需求点，最终实现销售的成功。

伯恩德·H.施密特在《体验式营销》一书中将不同的体验形式称为战略体验模块，并将其分为五种类型。

1. 知觉体验

即感官体验，将视觉、听觉、触觉、味觉与嗅觉等知觉应用在体验营销上。

2. 思维体验

即以创意的方式引起消费者的好奇、兴趣，对问题进行集中或分散的思考，为消费者创造认知和解决问题的体验。

3. 行为体验

即通过增加消费者的身体体验，指出他们做事的替代方法、替代的生活形态与互动，丰富消费者的生活，从而使消费者被激发或自发地改变生活形态。

4. 情感体验

即体现消费者内在的感情与情绪，使消费者在消费中感受到各种情感，如亲情、友情等。

5. 相关体验

即以通过实践自我改进的个人渴望，使别人对自己产生好感。它使消费者和一个较广泛的社会系统产生关联，从而建立对某种品牌的偏好。

阿诺斯从事房产销售工作，他精明强干，不到两年，就由小职员晋升为销售主管。每次他准备销售一套新房子的时候，都不会像一般的销售员那样，只是一味地向客户介绍这套房子如何好，如何有升值空间等，而是另辟蹊径，很坦率地告诉客户说："这套房子所在的小区四周有几家工厂，若住进来可能会有些吵，唯一的优势是价格比较便宜。"

在向客户交代了房子的基本情况之后，阿诺斯也会亲自带客户到现场参观。当客户来到现场，发现那个地方并非如阿诺斯说的那样不理想，不禁反问:"现场感觉很安静,哪有你说的那样吵?而且现在无论搬到哪里,噪声都是不可避免的。"

正是因为这种良好的体验,让客户坚信实际情况比阿诺斯介绍的要好得多,因此,客户交易起来也多是非常爽快。

俗话说:"百闻不如一见。"对听到的东西,人们多少会觉得有些不真实,只有真真切切地看到、触碰到,才会产生更直观的感觉。因此,在销售过程中,销售员可以通过让目标客户观摩、聆听、尝试、试用等方式,使其亲身体验销售员所提供的产品或服务,让客户实际感知产品或服务的品质和性能。只有吸引客户的感官,让他们感知到这个产品确实能够满足自身的需求,帮助他们解决问题,这样才能加深客户的感觉,使客户消除疑虑,产生信任。

实际上,有经验的销售员会时时让客户看到、摸到实实在在的商品,比如销售员推销汽车,就要让客户亲自坐在驾驶室,开关一下车门,摁一下喇叭,听听发动机的声音等,让客户亲身地、真实地感受到汽车的性能。对于那些无法摆在顾客面前的商品,销售员也会把它搬到客户的头脑中,调动客户的一切感官,让他们真实地、具体地感受到商品的美好,最终愉悦地购买。

旅行社的小周一边让来访的刘小姐翻阅旅行线路介绍,一边在一旁讲解:"您现在看到的就是我们旅行社重点推出的经典线路,这条线路不但风景优美,居住地也是我们的产品经理精心选择的当地的特色酒店,住在那里,即使你足不出户,只要站在宽大别致的阳台上,既可以观看海上的日出,也可以听着海浪的声音入睡,还能听到海鸥的叫声。深呼吸一下,您甚至可以闻到海浪潮湿的气息;如果您想出去转一转,酒店不远处就有当地一个极具乡土特色的集市,那里给我印象最深的就是市场上的鲜草莓,尝一粒,那酸酸甜甜、花蜜般的味道真是让人难以忘怀;如果想运动,您可以去海里游泳,或者去划船,当然也可以去远海钓鱼……"

刘小姐听完小周的介绍就迫不及待地说:"太美了,这次旅行就走这条线路了。"

事实上,优秀的销售员都善于运用各种感觉来刺激客户,让客户"看到""听到""闻到""尝到",甚至"感觉到"商品真实的一面,这样才会使客户产生强烈的购买欲望。

因此,销售员在销售工作中要善于引导客户亲自参与到你的销售和示范工作当中。把选择的主动权交给客户,销售员只需站在一边加以指导和说明就可以了。

当然,并不是所有的产品都适合让客户亲自体验,比如,推销"新马泰十日游",这就需要销售者费一番心思了,虽然无法让客户看见摸到,但可以调动客户的想象力,通过自己具体、生动、绘声绘色的描述,让美好的东西在客户的脑海中具体化,使其产生身临其境的效果,这样也能使顾客参与进来。

积极回应并解决顾客的抱怨

当产品的质量、性能或者服务品质无法令顾客满意时,顾客就会通过情绪、语言和行动表现出来,这时抱怨也就产生了。

面对顾客的抱怨,销售员绝对不能当着顾客的面说:"你有些小题大做了吧!""你反应有些夸张了吧!"如果用这样的态度对待顾客,顾客肯定会更加愤怒,甚至当场与你发生争执,你或许就永远失去了这个顾客。

一个不满意的顾客可能会把他的不满意告诉给他身边所有的亲朋好友,而他的亲朋好友也同样会把他的这种遭遇再告诉给自己的亲朋好友。依此发展下去,其破坏力是不可估量的。因此,销售员一定要学会积极应对顾客的抱怨,努力解决他们抱怨的问题。

李娜上个星期在一家精品鞋店看到一双非常漂亮的休闲皮鞋,但适合她的尺寸却断码了。销售员看到李娜十分喜爱那种款式,就告诉她说,店里过两天要去订货,只要她预付定金,就可以预订一双。

过了两天,销售员通知李娜来店里取鞋。当李娜拿起皮鞋时,却抱怨说:"这难道不是一个厂家的皮鞋吗?怎么看起来没有上次看的那个款式的质量好呢？做工似乎也粗糙了，接缝处还有线头。而且，颜色似乎也浅了很多，我比较喜欢深一点的颜色。"

站在一旁的销售员听了李娜的质疑，笑着说："真是抱歉，不过我敢保证，这双鞋和您上次看到的那双，质量绝对是相同的，而且由于是刚出厂的货，我们还没来得及进行任何修剪和擦拭，所以线头就多了一点，看起来也没有那么光亮，现在我就可以帮您把这些线头修得整整齐齐的。另外，不同批次的产品多少会有一点色差，不过现在我知道您比较喜欢深色的鞋，希望您没事常来逛逛，我们这深色系的鞋子还是很多的。"

李娜听到销售员的解释，觉得她说得很有道理。后来，她成了这家店的常客，还介绍了不少朋友来这家店里买鞋。

爱因斯坦说过："耐心和恒心总会得到报酬的。"销售员在面对顾客的抱怨、处理顾客的投诉时，如果能够拥有耐心与恒心，那么必定会收到满意的结果。

日本"经营之神"松下幸之助认为，要对顾客的抱怨表示欢迎，因为这是提升个人能力，取得订单的一个好机会。顾客肯上门投诉，对企业而言是一次难得的纠错机会。如果顾客因为嫌麻烦而不去投诉，坏印象就永远留在了他们心中，他们永远也不会选择购买这家店的产品了。因此对待抱怨的顾客一定要礼让，要耐心听取他们的意见，并尽量让他们满意而归。即使碰上爱挑剔的顾客，也要委婉解释清楚，如果可能，可以在尽量减少损失的前提下满足顾客所提出的要求。假如能够让这些顾客满意，以后一定会受益无穷。

松下幸之助讲过一件他亲身经历的事情。一次，有位东京大学的教授写信给他，说该校实验室购买的松下公司的产品频出故障，问题一直也没有得到彻底解决。收到这封信,松下立即让公司的技术总监赶到这所学校处理问题。最终问题得到妥善解决,教授也感到十分满意,还为松下公司推荐了好几个大客户。

在销售过程中,顾客的抱怨主要来自以下两个方面。

1. 对产品的质量、性能和价格不满意

出现这种抱怨的原因很可能是因为广告夸大了产品的价值功能,结果当顾客见到实际产品时,发现与广告不符,由此引发了不满。

2. 对销售人员的服务态度及售后服务不满意

出现这种情况的原因是一些销售员总是一味地介绍自己的产品,根本不去了解顾客的偏好和需求,同时对顾客提出的问题也不能给予满意的回答;或者是在销售的过程中,销售员不能对所有的顾客一视同仁,出现轻视顾客、不信任顾客的现象。

其实,顾客的抱怨不管是对厂家还是对销售员本身来说,都是在提醒他们要不断完善自身,做到最优、最好。而且抱怨在很大程度上是来自期望,当顾客发现自己的期望没有得到满足时,也会促使抱怨的爆发。如果能够妥善地处理这些抱怨,很有可能会使坏事转变为好事,不仅不会影响销售,反而会使销售更上一个台阶。

那么,面对顾客的抱怨,销售员具体该怎么做呢?

1. 做好应对的心理准备

当顾客抱怨时,销售员首先不能感情用事。此时,一定要注意自己说话的语气和态度,面对愤怒的顾客千万不能愤怒。在他们抱怨时,销售人员首先要做一个忠实的倾听者，一定要克制自己的情绪，让顾客把话说完。然后冷静地对顾客提出的各种问题予以解决。如果实在解决不了，可以找自己的上司请教。这样顾客意识到你的真诚以及你服务的周到，怒气就会减少很多。此时，所有的问题可能就会迎刃而解。

2. 做好接受压力的思想准备

在面对顾客的抱怨时，销售员可以站在旁观者的角度来了解顾客的感受，这样就能够在一定程度上减轻因顾客抱怨而给自己带来的愤怒。如果顾客的误会较深，给你造成的伤害较大，你可以在闲暇时向自己的亲朋好友诉说整个事件以及所遭受的痛苦来安定自己的情绪，或者是向他们求助解决的办法。

3. 把顾客的抱怨当作磨炼自己的机会

遭遇顾客的抱怨时，一定要保持一种平静、坦然的心态，把他们的抱怨当作一次历练自己的机会，因为只有不断地解决问题，你才能够不断进步，变得更加优秀。通过顾客的抱怨，你会明白在以后的工作中应该避免哪些问题的发生，或者是在发生这类问题时应该怎么去解决。这样不仅能够赢得顾客对自己的信赖，也能够提升自己成功应对各种挫折的能力。

4. 面对顾客的抱怨切忌回避和拖延

销售员在应对顾客的抱怨的过程中，最忌讳的就是回避和拖延解决问题的时间。要敢于正视发生的问题，并以最快的速度解决，把顾客的事情当作自己的事情来处理，站在他们的立场上来思考问题，并对他们的抱怨表示欢迎，而且对顾客表示抱歉……那么，你就一定能够化干戈为玉帛，化抱怨为感谢，化怀疑为信赖。最重要的是，这个顾客可能因此成为你永远的顾客。

用正确的态度对待投诉

任何一个行业，都会面临"顾客投诉"的问题。有关数据显示，当顾客感到不满时，只有20%的顾客会选择投诉，而这些投诉的顾客中却有80%会选择再次与被投诉公司合作；如果能当场很好地解决投诉问题，则95%的投诉顾客还会对你恢复信心。而另外80%未投诉的顾客中只有10%会再次与公司合作。如果投诉抱怨没有获得很好的解决，则一个典型的抱怨顾客至少会向8~10人诉说他的不满，在互联网、手机等通信工具如此发达的时代，消极传播更是以乘数效应迅速扩散。

可见，顾客投诉并非是对公司的厌恶，而是对产品的关注，他们其实希望产品能够得到改善。如果销售员能够认真对待消费者的投诉，能圆满解决顾客投诉的问题，那么顾客的忠诚度反而会更高。因此，对于销售员而言，顾客的投诉并不可怕。但如果销售员对顾客的投诉因心存偏见而处理不当，那只会白白导致顾客的流失。

销售员在处理顾客的投诉问题时，经常会面对一些非常无理的顾客，也许销售员会想：顾客如此无理，那么我还有必要和他讲风度吗？销售员这样想无疑是错误的。销售员的工作，本质上是追求利润和业绩，而不是和顾客分个对错，争个长短，这对提高业绩并没有什么好处。也许有的销售员还会想：面对那样无理的顾客，难道为了业绩和利润就要委曲求全，牺牲人格吗？其实问题没有想象的那么严重。那些无理的顾客通常也是处于情绪冲动中，因为他们购买了你所推荐的产品却没有实现应有的价值而恼怒，他们的举动往往是对事不对人。试想，如果顾客没有购买行为，你们之间又怎么会有交集呢？再者，和无理的人讲风度，一般不会损害个人人格。

所以，在处理投诉时，销售员要学会控制自己的情绪。在面对顾客激烈的质疑时，仍然能保持冷静，这对销售员来讲，是非常重要的心理素质。

有一位姓赵的女士在她订的鲜奶中发现了一小块玻璃碎片，她愤怒极了，于是决定亲自前往鲜奶公司投诉。她觉得自己此行绝不是单纯为了自己，更是为了孩子们的饮食安全，也是为了全市的人民去责成鲜奶公司负起社会的责任来。在路上，她猜想鲜奶公司的负责人一定会推三阻四，那时她一定会严厉斥责他们的这种不负责任的行为，她要向报纸、电台，甚至司法机关公开此事，或去消费者协会揭发他们的这种不法行为。

赵女士一到鲜奶公司就径直来到总经理办公室，连自我介绍都省略了，并且把总经理伸出的友谊之手拨向一旁，直接把那个里面有玻璃碎片的鲜奶瓶重重地放在办公桌上，气愤地说："看看吧，这就是你们干的好事，你们鲜奶公司，简直是要命公司！鲜奶里面有玻璃碎片你们都没发现，你们都掉进钱眼里去了，为了自己多赚钱，还会管我们这些消费者的死活吗？"

总经理先是一愣，听完赵女士的话，心里都明白了。他甚至有些激动地拿着鲜奶瓶说："竟然发生这样的事情，这简直太危险了，人要是不小心吃下去可是会要命的！"说到这里，总经理一脸关切地问赵女士："请您赶快告诉我，家中是否有人误吞了玻璃片，或被它划伤口腔？"

"那倒没有"看到总经理如此反应,赵女士的火气消了不少,她告诉总经理,并没有人受伤。总经理这才转忧为喜,说:"哎呀!真是谢天谢地。我代表公司向您表示歉意和感谢,因为您为我们指出了工作中的一个巨大的事故隐患。我要将此事立刻向全公司通报,采取措施,今后务必杜绝此类事情发生。还有,因为您指出了我们工作中的一个巨大漏洞,我们特地送您一个月的鲜奶,请您放心饮用!"

在上面的案例中,总经理的做法无疑是非常聪明的。对于销售员而言,面对任何一个顾客的投诉,无论他开始的脾气有多大,只要销售员耐心倾听,鼓励他把心里的不满都发泄出来,那么,他的脾气也会越来越小。等顾客恢复了理智,反而更容易解决问题。而且有些因情绪激动而失礼的顾客冷静下来以后,还会对自己刚才的举动有些后悔,这比销售员迎头反驳,甚至批评他们要有效得多。

而且,销售员在遇到顾客投诉时,不要让顾客的情绪影响了你,同时要以平静的心情听完顾客的抱怨,从中弄清楚投诉产生的原因,然后采取针对性的解决措施。这样才能排除顾客的抱怨,说服顾客。如果销售员对顾客的投诉不闻不问,即使被问到头上,也是以强硬的态度来回应,那样只会增加顾客的不耐烦,使得情况更加恶化。

销售员在处理顾客投诉时,方法有很多种,而销售人员的口才及技巧是说服顾客的关键。

1. 耐心倾听

顾客投诉时,销售员必须耐心倾听,让顾客将投诉情况讲完,然后站在顾客的立场上去说服顾客,给顾客解难。

但在实际工作中,很多销售员在顾客刚一说话时就急忙将其打断,迫不及待地进行解释，这样反而激怒了顾客。要知道，顾客投诉，主要的目的是向销售员倾诉他们的种种不满和意见，希望销售员能帮助他们解决问题，而不是听销售员的解释、说明或辩护。

2. 确认客户投诉的问题

倾听顾客的投诉时，销售员如果有听不明白的地方，要用委婉的语气加以询问，如"这个问题请您再描述一下""请稍等，这个问题我还不是很明白"等。在这个过程中，销售员应该尽量避免使用攻击性言语，不能使顾客愤怒。

3. 冷静分析问题

销售员在没有确认问题产生的原因之前，切勿盲目下结论，或给顾客承诺解决方案。销售员最好是将问题记录在案，提交给售后服务部门找出原因，协同解决。如果出现的问题是顾客个人问题或无事实依据，则销售员应该让顾客意识到问题所在。当顾客意识到你的真诚以及你服务的周到，怒气就会减少很多。

4. 恰当拟定应对顾客投诉的措辞

倾听并分辨出顾客投诉的类型、内容后，销售员必须对投诉做出回应。处理投诉的方式有道歉、说明、说服三种，但必须配合适当的态度、声音和措辞，让投诉的顾客心悦诚服，关键在于销售员措辞的技巧，如果措辞运用不当，反而会弄巧成拙，那些原本能解决的事也变得不可解决了。

5. 注意说话的声音

巧妙运用声音可以说是处理顾客投诉过程中一个重要的技巧。销售员的口语表达及声调，是顾客了解销售人员的一种途径。

在不同的场合，销售员说话的声音是不同的，例如处理顾客投诉时，声调一定要平和，表达要清楚，语速的快慢根据顾客的急缓程度而定，如果负责处理投诉的人语气生硬，且每句话都模糊不清，就会让顾客觉得你一点交谈的诚意都没有，想尽早结束谈话。

在谈话中，销售员的声音应该始终保持洪亮、清晰。另外，说话的时候喉咙不要紧绷，要运用吸进去的空气使喉咙发声更清晰明朗，令声音听起来抑扬顿挫，中气十足。

6. 落实解决问题

销售员在找到相应的解决办法之后应明确通知顾客解决之道，并且在日后的工作中跟踪落实，直到顾客的问题解决为止。只有这样，才能让顾客觉得受到了应有的尊重，同时也体现了销售员最大的诚意，进而防止顾客的负面情绪使问题扩大化。

即使顾客无理,也不能失礼

顾客并非永远是对的,但与顾客争论永远是错的。

潘恩人寿保险公司立下了一条铁律:"不要争论。"本杰明·富兰克林也曾说:"如果你老是抬杠、反驳,也许偶尔能获胜;但那是空洞的胜利,因为你永远得不到对方的好感。"

真正的推销精神不是争论,人的心意也不会因争论而改变。在销售行业,销售员不是通过与顾客辩论说赢顾客的。顾客要是说不过你,他可以用不买你的东西来"赢"你。你决不能语气生硬地对顾客说:"你错了。""这么简单的道理你都不懂。"这些说法明显抬高了自己,贬低了顾客,让顾客丢了面子。一个真正成功的销售员绝不会跟顾客争辩,即使轻微的争辩也要尽量避免。

《圣经》里有这么一句话:如果有人打你的左脸,不妨再伸出你的右脸让他打。这句话曾经被很多人误解,其实它所表达的真实意思是建立在人与人彼此信任的基础上,对方打你的左脸,这肯定是有原因的,此时你再把右脸给他,一方面是表明自己的态度,另一方面是相信他不会继续施暴。假如对方打完你的左脸还要打你的右脸,那就超出了常人的范围。对待非常人,自然有对待非常人的办法。但是,在证明对方是非常人之前,自己首先要表现出正常人的涵养。

因此,对销售员而言,你要自己衡量一下:你是要表面上的胜利,还是要别人对你的好感?

一次,一位女士怒气冲冲地走进食品商店,向服务员喝道:"我叫我儿子在你们这儿买的果酱,为什么缺斤短两?"服务员先是一愣,待这位女士道出原因之后,有礼貌地回答说:"女士,关于这个问题,我看您还是回去称称孩子,看他是否变重了。"说完友善地笑了。这位妈妈恍然大悟,脸上怒气全消,向服务员道歉说:"真是对不起,是我误会了。"

服务员用幽默委婉的语气指出顾客所忽视的问题,这样既维护了商店的信誉,又避免了顾客的误会。服务员确信自己不会称错,称重的工具也不会出错,那么就只有一种可能,就是小孩偷吃了果酱。但是如果直接告诉顾客"我们店里是不会搞错的,肯定是您儿子偷吃了"或者说"您没有先问问您儿子偷吃了没有,倒问我们称错没有,真是莫名其妙",这样的话不但不能平息顾客的怒气,反而会引发一场更大的争论。

作为销售员,你必须要清醒地认识到,与顾客争辩,失败的永远是你自己。销售界有一句行话:"占争论的便宜越多,吃销售的亏越大。"一位顾客也曾经这样说:"不要和我争辩,即使我错了,我也不需要一个自作聪明的推销人员来告诉我(或试着证明);他或许是辩赢了,但是他输掉了这笔交易。"

因此,在销售过程中,销售员永远不要与顾客争辩,有时甚至面对顾客的无理取闹也要保持顾客至上的心态。因为,争辩不是说服顾客的好方法,正如一位哲学家所说:"你无法凭争辩去说服一个讨厌喝啤酒的人喜欢啤酒。"

一位顾客来到电脑专柜前询问："您好，我想问问你们公司最新款笔记本电脑的价格，如果不是太贵的话，我想买一台。"

"噢，您一定是通过电视广告知道我们推出了最新款的笔记本电脑吧？"销售员听顾客描述得如此细致，忙笑着说。

"嗯，是的，看电视广告知道你们推出了新款笔记本电脑，我一直都用这个品牌，品质还不错，可是这次怎么请了那样一个广告小姐做代言呀，长得不好看不说，话也说不清！还不如请×××来做广告呢！"

"哈哈，我们这次的广告主角可是深受年轻人的喜爱呢，×××太老了！"销售员反驳道。

"啊，你说什么，你说×××太老了？他可是亚洲最棒的明星啊！"顾客似乎有些生气了。

销售员似乎并没有注意到顾客的反应，还在柜台里边帮顾客找产品边说："什么整个亚洲最棒呀，他现在真的没有什么名气了。"

这下顾客真的生气了，激动地说："你太没品位了！他是最棒的！算了，我不买你们的电脑了，我去看看别的品牌！"

顾客的意见不论是对是错，是深刻还是幼稚，销售员都不应表现出轻视、轻蔑及不耐烦的神情。在上述案例中，销售员仅仅因为广告小姐这种无足轻重的事情而与顾客发生争执，从而导致失去了一位准顾客。实际上，销售员完全可以将一些鸡毛蒜皮的小事完全忽略掉，否则很可能会因小失大，失去顾客。

所以说，在销售的过程中，千万不要与顾客争辩，不要错误地以为你在这场争执中获得了胜利，顾客就会购买你的商品。当你顺从顾客的意思，不与他争执时，你输掉的仅仅是这场争执，赢得的却是销售的成功，因为成功销售出你的商品才是你真正的目的所在。

面对顾客的责难或者不信任，销售员只有将顾客的问题当作自己的问题，多一分耐心细致，才能将服务做好，让顾客满意。因此，销售员要想减少并妥善处理与顾客之间的摩擦，需要注意以下几点。

1．充分尊重顾客的意见

尊重是人际交往最起码的准则，如果顾客不能理解销售员的意图，那么销售员要采取主动退让的策略，在尊重顾客意见的基础上进行产品介绍或选择合适的谈判策略。用生硬的态度说服顾客，不但不会解决问题，还会激化矛盾。

2．注意恰当的表达方式

销售员在和顾客接触的过程中一定要有意识地观察顾客的表达方式，积极使用对方的语言习惯进行沟通，这非常有助于促进你与顾客之间的沟通。

3．让制度说话

销售员在和顾客谈判的过程中要善于利用公司制度作为价格谈判的"防火墙"，因为公司制度是硬性规定，一旦规定就必须严格执行，一般消费者也都明白这一点。销售员只要说明公司的相关制度，恰当地表现出不容商量的态度，大多数顾客是可以理解和接纳的。

绝对成交:
金牌销售的攻心秘籍

- 销售中你必须知道的心理定律
- 销售员必知的心理学效应

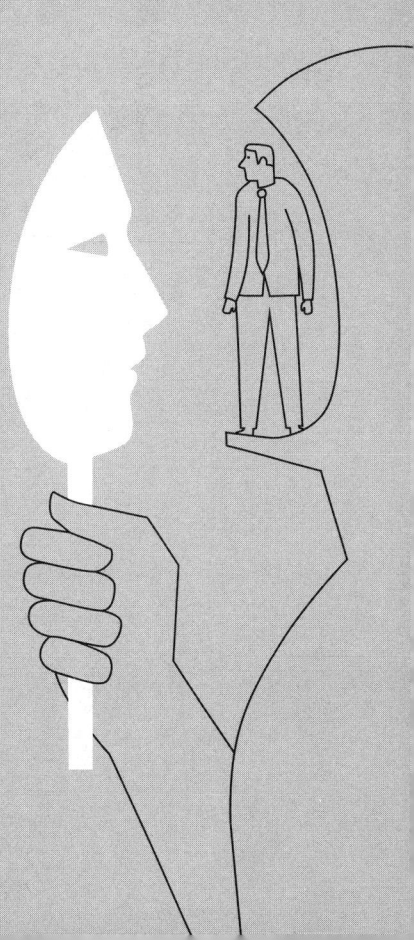

第五章
销售中你必须知道的心理定律

任何一个道理只要具备了普遍性,为众人所接受,那么它就成了一条真理。销售中就有许多这样的真理,它们是经过一代代成功的销售员亲身验证过的,并且长期以来,这些真理都在销售行业中流传。只要你熟知这些心理定律,就会使你的销售工作获得事半功倍的效果。

原一平定律：要有百折不挠的坚强心理

优秀销售员与平庸销售员并没有多大的区别，只不过是平庸者走了99步，而优秀者走了100步而已。平庸者跌下去的次数比优秀者多一次，而优秀者站起来的次数比平庸者多一次。当你走了1000步时，也有可能遭到挫折，但成功却往往躲在拐角后面，若不拐弯，永远不可能获得成功。

日本销售之神原一平能从"矮子"变成世界推销史上的"巨人"，这与他不服输的性格、百折不挠的心理有关。他在遇到困境时，会告诉自己："我是顶天立地的，我是决不服输的，我是永远打不倒的！"

在销售的道路上，有成功就会有失败，并且按照常理来说，应该是失败的次数远远要比成功多。也许你一天见了20个客户，但是一笔订单也没有拿下来，如果这样的情况持续一个月、一年呢，那么你还会坚持吗？

其实失败了不要紧，要紧的是你失败了之后会不会重新再来。这对于所有的销售员来说都是一种考验，因为没有哪一个销售员敢说自己在这样的情况下还能坚持下来。只要你有这种百折不挠的勇气与心理，那么总有一天你会成功的。

肯德基的创始人桑德斯上校，退休时已经65岁了，此时的他虽然身无分文，却下定决心要做出一番事业。老上校每天都向城市里的餐馆推销他的炸鸡秘方，希望他们能接受。但这些餐馆的老板每次听完桑德斯上校的介绍总是嘲笑他说："我说上校，你的秘方一点都不好，你看我的餐馆用我的方法做炸鸡几十年了，顾客很喜欢呢！"就这样，在接下来的两年时间里，老上校被人拒绝了整整1009次，但他始终坚信自己的炸鸡秘方一定会受到人们的欢迎，在第1010次推销时，一家餐厅终于同意用他的炸鸡秘方。从此，一种新的产业诞生了。

很多人只看到桑德斯成功以后的光环，却不知道他在成功前曾经经历了无数次的失败。有多少人在遭受这么多次的失败后还能继续努力下去？

销售是一种很容易失败的职业，销售员要有百折不挠的勇气。只要具有了这种勇气，那么就没有做不好销售的道理。

克里蒙·斯通被称为"保险业怪才"，他是美国联合保险公司的董事长，也是美国最大的商业巨子之一。

斯通幼年丧父，靠母亲替人缝衣服维持生活。为补贴家用，他很小就出去卖报纸了。有一次，他走进一家饭馆叫卖报纸，被赶了出来。然后他趁餐馆老板不备，又溜进去卖报。气恼的餐馆老板一脚把他踢了出去，可是斯通只是揉了揉屁股，手里拿着更多的报纸，又一次溜进餐馆。那些客人见到他这种勇气，终于劝老板不要再撵他，并纷纷买他的报纸看。虽然斯通的屁股被踢痛了，但他的口袋里装满了钱。

斯通还在上中学的时候，就开始试着去推销保险了。他来到一栋大楼前，当年卖报纸时的情景又出现在他眼前。他一边发抖，一边安慰自己："如果你做了，没有损失，还可能有大的收获，那就放手去做。还要马上就做!"

他走进大楼,心想如果被踢出来,他就像当年卖报纸被踢出餐馆一样,再试着进去。但他没有被踢出来,每一间办公室他都去了。每一次走出一间办公室而没有收获的话,他就担心到下一个办公室会碰到钉子。不过,他毫不迟疑地强迫自己走进下一个办公室。他的脑海里一直想着:"马上就做!"期间他找到一个秘诀,就是从一个办公室出来后立刻冲进下一个办公室,这样就没有时间感到害怕而放弃了。

那天,有两个人向他买了保险。就推销数量来说,他是失败的,但在了解他自己和推销术方面,他有了极大的收获。

第二天,他卖出了4份保险。第三天,6份……他的事业开始了。

20岁的时候,斯通创立了只有他一个人的保险经纪社,开业的第一天,他就在繁华的大街上推销出了54份保险。有一天,他有个令人几乎不敢相信的纪录,122份!以一天8小时计算,每4分钟就成交1份。

1938年底,克里蒙·斯通成了一名拥资过百万的富翁。

斯通说成功的秘诀在于"碰到挫折后,永不放弃"的精神。他还说:"如果你以坚定、乐观的态度面对艰苦,你反而能从中找到好处。"

其实,对于推销员来说,失败很正常。由于种种原因,人们往往对各商家的销售员有些不欢迎。但是,当人们遇到有忍耐精神、谦和礼貌的销售员时,情况就不同了。人们知道,有忍耐精神的销售员是不容易打发的,而且常常会由于钦佩那个销售员的忍耐精神而购买他的商品。

销售员要知道,失败并不可怕,因为每一次的失败都是成功的基础,失败得越多,离成功就越近。面对失败,销售员要做到以下几点。

1. 要有热情

一个对自己的职业都不热情的人，怎么能调动客户的热情？销售员的热情是具有感染力的一种情感，它能够带动周围的人去关注某些事情。当你很热情地和客户交流时，你的客户也会"投之以李，报之以桃"。当你在路上行走时，正好碰到你的客户，你很热情地与对方寒暄，也许就能促成一笔新的交易。

2. 要有自信心

自信是一种力量。首先，销售员要对自己有信心，每天工作开始的时候，都要鼓励自己，我是最优秀的！我是最棒的！同时，你要相信公司提供给客户的是最优秀的产品，要相信自己所销售的产品是同类中最优秀的，相信公司为你提供了能够实现自己价值的机会。

3. 坚信努力了总会成功的

俗话说："一分耕耘，一分收获。"推销也一样，只要你肯去努力，收获迟早都会来的，不付出努力，就不可能得到收获。只有对成功抱有一种坚定的信念，才能激励自己继续前进。

因此，不管做什么事情，你要想获得让自己满意的收获，就要付出努力。

4. 要有良好的心理素质

销售员具备良好的心理素质，才能够在面对挫折时不气馁。每一个客户都有不同的背景，也有不同的性格、处世方法，自己受到打击时要能够保持平静的心态，要多分析客户，不断调整自己的心态、改进工作方法，使自己能够面对一切责难。只有这样，才能够克服困难。同时，也不能因一时的顺利而得意忘形，须知"乐极生悲"，只有这样，才能够胜不骄，败不馁。

销售中的失败可以说是家常便饭，失败了你就放弃吗？原一平告诉我们，我们不能放弃，我们要有百折不挠的信心，只要坚持，从下一位客户那里你就能拿到订单。

哈默定律：天下没什么坏买卖，只有蹩脚的买卖人

美国著名企业家，西方石油公司董事长阿曼德·哈默认为，天下没什么坏买卖，只有蹩脚的买卖人。只要有人在的地方，就能做生意。后来人们把他的发现称为哈默定律。

阿曼德·哈默，1898年生于纽约。1917年他还是一名大学生，因父亲过世，他掌管了父亲的一家制药工厂。由于他拥有过人的商业天赋，在他的经营下，制药厂盈利颇丰，他也因此成为当时美国唯一的大学生百万富翁。

随着生意的展开，他在20世纪20年代与苏联进行了大量的易货贸易，不但生意大有起色，甚至和苏联领导人列宁、托洛茨基、赫鲁晓夫、米高扬、勃列日涅夫、苏斯洛夫等都建立了非常良好的私人友谊，这让他获得了很大的收益。

1924年1月16日列宁逝世，这无形中对哈默在苏联的贸易活动产生了不利的影响。就在哈默为自己的去留而感到烦心的时候，他走进了一家商店，无意中看到在文具柜台里一支德国造铅笔标价26美分，而哈默知道这种铅笔在美国只值两三美分。哈默的头脑在飞速地运转着，他已经把这支铅笔同

百万美元的生意联系起来了。

第二天,他就去拜访当时的苏联教育人民委员克拉辛:"贵国政府是不是已经制定了要求每个苏联公民都得学会读书和写字的政策?""当然,我们认为这是我们的基本任务之一。"克拉辛回答。于是,哈默请求:"假如是这样的话,我想要获得一张生产铅笔的执照。"请求当然被核准了,但实际上此时哈默还对如何制造铅笔一无所知,不过这难不住他。他一边在莫斯科选址建厂,一边亲自跑到德国和英国,花高薪聘请制造铅笔的技师。虽然他深切地感到,当时与他在列宁保护下的黄金时代已发生巨大变化,但他的铅笔厂最终还是办起来了,而且提前几个月开工,后来成了世界上最大的铅笔工厂。

1956年,当时哈默58岁,他决意投资加利福尼亚州濒临破产的西方石油公司。当时这家石油公司的财务状况相当糟糕,实际资产仅有3.4万美元,只有3个雇员和几口快要报废的油井,公司的股票每股只值18美分。哈默的朋友劝他没必要投资这种根本就看不到希望的企业。但哈默还是决定投资这家石油公司,因为根据美国政府对石油业的倾斜政策,用于尚未出油的油井的资金无须报税。这个政策对于想退休的哈默来说无异于吃了一颗定心丸,他并不想收购这家公司,于是他借给了西方石油公司5万美元,条件就是用这笔钱再打两口井,如果能出油,利润由双方对半分成;如果不出油,哈默投入的这笔资金可作为亏损从应缴税款中扣除。

让人意想不到的是,两口井都出油了。西方石油公司的股票一下子涨到每股1美元,哈默的投资获得了巨额回报,尝到甜头后他开始涉足石油业。1957年7月,哈默当选为西方石油公司的董事长和总经理,成了西方石油公司最大的股东。之后,他开始招兵买马,聘请最优秀的钻井工程师和最出色的地质学家,终于在加利福尼亚钻探到两个巨大的天然气油田。西方石油公司的股票价格一路上涨到每股15美元,公司实力甚至可以与那些世界上较大的石油公司抗衡了。

1974年,他的西方石油公司年收入为60亿美元。到1982年,西方石油公司已成为全美国第12大工业企业。90岁高龄的哈默仍然在西方石油公司董事长的位置上一天工作十多个小时,每年都在空中飞行几十万千米,他凭着自己多年的经商经验和非凡的智慧建立起一个巨大的石油王国。

后来哈默又涉足艺术品收藏与拍卖、酿酒、养牛等行业,在每一个领域都取得了非凡的成功。无论从哪个方面说,他都是一个带有传奇色彩的人物。1987年,他完成了《哈默自传》,这是他一生成功经验的浓缩。

有人向哈默讨教致富的秘诀:"为什么你从制药到制造铅笔,从酿酒到经营艺术品等都能成功?"

"生意有其内在的联系,一件连着一件,抓住机会,把握时机,努力奋斗,你就会取得成功。"哈默同时解释,他的成功还在于,"一个人要有特别敏锐的商业嗅觉,能把握商业良机,能在不熟悉的领域内抓住关键问题并善于处理。所以,只要有人的地方,就能做生意。"

其实,无论现代社会如何发展,销售是一门永远也不会消失的职业,因为不管互联网怎样的发达、物流怎样的发达,产品的推广仍然需要销售员,要想把产品介绍给客户,也需要销售员。因此,销售员一定要坚信,只要有人的地方,就有市场,就有自己的准客户。

美国一家大型鞋厂面临国内市场几欲饱和且同行业竞争过于激烈的境况,因此,公司董事会决定要求营销部门以开辟海外市场为公司未来发展的重要目标,积极应对,拿出切实可行的方案。于是,营销部经理便派出两个市场调查组到非洲寻找新市场。

第一个调查组到达非洲后发现这里的人们都是赤脚的,于是非常失望地给总部发传真说:"这里的人们没有穿鞋的,那我们的鞋子又去卖给谁呢?我们还是从其他地方开拓新市场吧!"于是这组人买机票打道回府了。

第二个调查组虽然遭遇了和第一组人相同的境遇,却得出了完全相反的结论。他们兴奋地给公司发传真反映问题:"这里的居民之所以不穿鞋,是因为长期的风俗习惯无法让他们意识到穿鞋的好处。如果告诉这里的居民,他们穿上鞋后可以跑得更快、捕获更多的猎物,以及在地上行走不会被扎破脚掌,那么他们一定会争相购买。所以,这里的市场前景不可估量,请尽快派人来此协商建厂及推广事宜。"

公司董事会对两个截然相反的调查结论作了比较,他们深信第二个调查组是对的。于是做出在非洲建厂的决策,结果这家鞋厂在非洲的营业额取得突飞猛进的增长。

世界上不是没有生意,只有不会做生意的人。所以,这个世界也不是没有客户,只有不会开发客户的销售员。

上面这个案例中,让不穿鞋的非洲人穿上鞋,这看来是绝对不可能的事,最终却成功了。对于优秀的销售员而言,世界上任何地方都是你的战场,都有着无穷无尽的销售潜力,就看你能不能发现市场。所以,销售员一定要坚信,只要有人的地方,就会有需求,也就能做销售。这就是哈默定律最直接的应用。

当然,哈默定律也不是随时随地都能用得上的,使用它必须注意以下两点。

1. 要从实际出发

尽管只要有人的地方就会有需求,也会有销售,但是这也得从实际出发,具有可行性才行。就像把梳子卖给和尚一样,尽管和尚自己不用梳子，对梳子没有需求，但是可以从与和尚有关联的香客身上入手，把这种需求转移到香客身上去，这样的销售同样也是能成功的。

2. 必须要有销售的眼光

没有销售眼光的销售员，就算他面前全是销售机会，他也不能获得成功，因为他发现不了这些机会。

奥纳西斯定律：把发展客户的工作做在别人前面

《孙子兵法》中说："知己知彼，百战不殆。"对于一个销售员来说，要想做好销售工作，除了要对本企业、所推销的产品及竞争对手的情况进行必要的了解之外，还要对客户有多方面的了解，对客户的相关信息进行全方位、深层次的研究，这样才能减少销售的阻力，使销售工作更有针对性，也更有效率。同时，掌握客户多方面的信息也是挖掘客户需求，进一步接近客户的基础。

奥纳西斯是闻名于世的希腊船王，他于1906年出生在土耳其西部的伊兹密尔。

少年时的奥纳西斯过着衣食无忧的生活，他的父母是做烟草生意的，这在当时是很赚钱的买卖。父母从小就刻意培养奥纳西斯的经商意识，每次谈生意都会带着他，让他长长见识。

但这样的生活在1922年就被迫结束了。当年，土耳其人占领了伊兹密尔，奥纳西斯一家人都被投入监狱，在支付了巨额保释金后，一家人才得以出狱。但他们家的钱全都花光了，烟草生意也不能继续做，伊兹密尔已经不能再待下去了。同年9月，奥纳西斯一家人和成千上万的难民都来到了希腊，寻求新的生活希望！

但当时这样的逃难家庭实在太多了，他们成群聚集在爱琴海边，衣食无着。幸运的是，奥纳西斯很快在一艘驶往阿根廷的破船上找到了一份薪水微薄的工作。虽然如此，他还是卖力地干着。到达阿根廷之后，奥纳西斯又在一家电话公司做电焊工，为生活所迫，奥纳西斯一天要工作16个小时，但是在这样艰苦的环境中，奥纳西斯仍然选择坚持着，仔细寻找每一个可能成功的机会。

一天晚上，奥纳西斯去街边小店购买洗漱用品，他发现店里的柜台上摆了整整三大排烟草。出于行业的敏感性，他发现这里销售的只有本地以及南美洲的烟草，味道浓烈，抽起来口感并不好，远比不上口感温和的希腊烟——这就是商机！看准这个机会，奥纳西斯毅然辞职，把自己辛苦积攒的钱投资在烟草上。

由于本金不多，最初奥纳西斯只能在郊区租一家闲置的小厂房生产希腊烟。由于这种烟的口感更好，很快就供不应求，在几次扩大生产规模，产销量翻了几番之后，他小赚了一笔。但在烟草家庭中长大的奥纳西斯明白，这种做法只能赚些小钱，并不能赚大钱，要想赚大钱必须要从事烟草贸易和运输才行。

在有了第一笔资金后，奥纳西斯铤而走险做起了走私的买卖，他从希腊走私大量香烟到阿根廷，这让他在短时间内获得了大量的财富。当然这种做法并不合法。但奥纳西斯并没有被海关抓住。随着生意规模的逐渐扩大和财富的增多，奥纳西斯知道走私的生意是不能持久的，于是他停止了香烟走私的买卖，转向了正当贸易，到1930年，奥纳西斯已经成为希腊产品最大的进口商，还租用了一些货轮。

就在奥纳西斯的生意顺风顺水之际，席卷全球的经济危机爆发了，一时间百业萧条，奥纳西斯的生意也受到了直接的影响。当所有人面对危机手足无措的时候，奥纳西斯却从中发现了新机会。当时加拿大国有铁路公司为了渡过危机，准备拍卖资产，其中6艘货船，10年前价值200万美元，现在仅以每艘2万美元的价格拍卖，奥纳西像猎鹰发现猎物一样，立刻前往加拿大洽谈这笔生意。

他的这一反常做法令同行们瞠目结舌，因为当时经济危机还在社会的各个角落肆虐，什么时候结束没有人能说清楚，经济大萧条导致海运公司根本没有一个订单可接，就算那些老牌海运企业家们面对如此优厚的条件仍然踌躇不前。奥纳西斯在这样的情况下投资海上运输，这在很多人看来无异于将钞票白白抛入大海。许多人劝他，有些人甚至认为他丧失了理智。

但奥纳西斯面对众人的异议，仍然坚持自己的观点，他坚信在不久之后，经济的复苏终会来到，终将代替眼前的萧条。危机一旦过去，物价就会从暴跌变为暴涨，如果能乘机买下便宜物，价格回升后再抛出去，转手可得暴利。而且当经济复苏走上轨道，海运业必将直接受益，到时候必将有接不完的订单可做。

就这样，奥纳西斯谢绝了同事和朋友的劝阻，"一意孤行"地将加拿大国有铁路公司拍卖的6艘船全部买下。果然不出所料，经济危机过后，海运业的回升居于各业之首，奥纳西斯买的那些船只一夜之间身价陡增，他的资产几百倍地激增，他也因此一跃成为海上霸主。

有人说，奥纳西斯的成功是偶然的，但真正了解他的人，却不这么认为。一位和奥纳西斯很要好的经济学家评价说："这位希腊人找到了成功的钥匙：勇于决断是通向成功的正确道路。"还有一位经济学家说："他很会到其他人认为一无所获的地方去赚钱。"寥寥数语却道出了奥纳西斯成功的秘密。

这也是我们要说的奥纳西斯定律!

奥纳西斯之所以能取得这么大的成功,主要得益于他的敢于决断,他把生意做在别人的前面,把开发客户的工作做在了别人的前面,即"走在前面"的精神。看得远一点,走得稳一点,这些无疑对销售人员具有深远的借鉴意义。如果销售人员能将这些思想用于实际的销售工作中,无疑会对销售之路大有裨益。这就要求销售员要做到以下几点。

1. 工作要有无限的激情

当奥纳西斯深陷困厄境地的时候,他有足够的激情去面对。对于销售员来说,被别人拒绝的事是很常见的,但要是客户一拒绝你,你就泄气了,那么你在销售行业永远也不可能成功。相反,不管客户怎样拒绝,你都保持激情,那么下一次你就有可能成功了。

2. 积极开拓新的客户群

奥纳西斯之所以能成功,就是因为他很会到其他人认为一无所获的地方去赚钱。时间就是金钱,时间就是先机,赢得了时间的销售人员也就意味着他赢得了胜利。当别的销售员还没有进入这个领域的时候你就已经来了,那么你就拥有了优势。

作为销售员,如果你想开拓自己的客户群,就到那些别人认为没有市场的地方去开拓自己的事业,这样你就离成功越来越近了。

奥新顿法则：你关照客户的心，客户就关照你的生意

奥新顿法则是指，销售员把客户当上帝一样，抓住客户的心，照顾好自己的客户，客户才会关照你的生意，你才会获得更大的市场。美国奥新顿工业公司的上述经营理念，被人们称为"奥新顿法则"。

现如今的消费市场中，消费者的消费观念日渐成熟，他们的关注度从产品质量开始分散到产品售后上。所以不管销售什么产品，只有做好售后工作，才能抓住客户的忠诚度。

罗森毕业后一直在一家电脑公司工作，七年的工作时间，他也由最初的前台销售升为了分店的销售经理。工作中，只要客户的电脑出现问题都找他修理，罗森从不会拒绝，从来都是更快、更好地帮助客户解决难题，这样很自然就赢得了客户的好感。于是，他的很多老客户都主动帮他介绍新客户。而罗森对待新客户也像对待老客户一样热情，尽量为客户争取最低价格。客户只要一比较就知道他所提供的价格确实最低，于是就更加信任他。罗森的业绩就这样逐渐提升，在公司受到上司和同事的肯定，同时赢得了客户的认同。

罗森在和同事分享销售经验时说："其实最好的销售就是服务。"没错，罗森的想法是对的，在他不断扩展的业务中，几乎大部分都是由客户相互介绍而来的，所以业务拓展对他而言几乎是毫不费力。而且，罗森面对不断扩大的客户群一如既往地精心提供优质的服务，因为他知道每一个成交的客户，如果可以持续得到良好的服务，将来都会为他带来更多的交易。

世界零售业巨头沃尔玛是世界上最大的零售连锁店，但在1955年沃尔玛还是一家籍籍无名的小店。沃尔玛的成功，得益于其长期遵从的"顾客是上帝"的营销战略，其核心就是以薄利让顾客受益，以服务让顾客满意。"天天低价"成了沃尔玛最为醒目的标志。

最初为了实现低价，沃尔玛想尽了招数，其中最有成效的一个方法就是直接从工厂进货，从而绕开中间商，节约开支。统一订购的商品送到配送中心后，配送中心再根据每个分店的需求对商品就地筛选、重新打包。这种类似网络零售商"零库存"的做法使沃尔玛每年都可节省数百万美元的仓储费用，实现了薄利多销。更重要的是，它为顾客带来了实惠。

除了低价策略，沃尔玛对服务品质的提高也非常重视，沃尔玛强调要提供"可能的最佳服务"。为了实现这一点，沃尔玛编制了一套又一套的管理规则，要求沃尔玛的职员必须做到：当顾客走到距离你十英尺（约3米）的范围内时，你要温和地看着顾客的眼睛，向他打招呼并询问是否需要帮助。这就是沃尔玛著名的"十英尺态度"，沃尔玛职员至今仍将其奉为圭臬。从山姆·沃尔顿创立沃尔玛开始，正是这种精神引领公司不断飞速发展。沃尔玛也正是遵循这种"顾客是上帝"的营销宗旨，在半个世纪内打遍天下无敌手，最终成长为世界上最大的零售店。

以更低廉的价格、提供比竞争对手更为优质的商品和更好的服务，是企业赢得客户的第一步，但现代商战获胜的关键是要抓住"客户的心"，这就意味着市场也将从"围绕商品的战斗"转向"围绕感觉的战斗"，这种感觉的终点就是"感动客户"。

可见销售员要时时把客户放在自己的心里，而且要把客户照顾好。那要怎样才能照顾好客户呢？

1. 认真研究客户的需求

客户的需求是一定的，他有某种需求，才会去购买相应的产品或者服务。销售员要牢牢抓住客户的需求点，提供客户最需要的产品或者服务，如果你只想着提高自己的销售业绩，而不顾客户的需要强行推销客户用不上的产品，那么你得到的必定是客户的拒绝。

销售员如果想要实现最终的成交，就必须清楚客户的愿望，站在他们的立场上去思考他们的需要，并提供符合客户需求的产品。当然，客户的需求是多样的，既有物质的，也有心理的。需求的程度也是不同的，这就需要销售员在面对客户时做灵活的应对。

2. 提供客户满意的产品

只有让客户买到自己满意的产品，才会让他们满意自己的购买行为，从而做好从普通客户转变为忠诚客户的铺垫工作。

3. 用诚恳的态度为客户提供最优的服务

在现在产品和供销渠道都差不多的情况下，销售员诚恳的态度是赢得客户青睐的制胜之道，也是保证自身利润的法宝。

二八定律：善于抓住最重要的客户

1897年，意大利经济学者帕累托偶然发现当时英国人的财富和收益模式非常有特点。在调查取样中，他发现大部分社会财富都流向了少数人手里。随着研究的展开，他还从早期的资料文献中发现，在其他国家也都发现有这种微妙的关系，而且在数字上呈现出一种稳定的关系。

于是，帕累托从大量具体的事例中总结发现：社会上20%的人占有80%的社会财富，即财富在人口中的大致分配比例数值是不均衡的。帕累托认为，在任何一组东西中，最重要的只占其中一小部分，约20%，其余80%的尽管是多数，却是次要的，因此又称二八定律。同时，人们还发现生活中存在许多不平衡的现象。因此，二八定律成了这种不平等关系的简称。

当然，从统计学上来说，精确的20%和80%出现的概率很小。在其后的研究中，人们所谓的二八定律讨论的是顶端的20%，而非底部的80%。人们所采用的二八定律，是一种量化的实证法，用以计量投入和产出之间可能存在的关系。

在销售学中，"二八定律"通常是指80%的订单来自20%的客户，即一个销售员的成功在很大程度上是由他的客户里面20%的人提供的，而其余的

80%的客户尽管人数很多，却不是很重要，而这20%的人基本上就是该销售员的老客户。例如，一个成熟的销售员如果统计自己全年签订单客户的数目有10个，签订的订单有100万，那么按照二八定律，其中的80万应该只来源于两个客户，而其余八个客户总共贡献20万的销售额。这样的事实在销售界已经被无数案例验证过了。

那么，销售员又应当通过怎样的方法来维系自己同老客户之间良好的关系呢？其实这也并不难做到，只要你平时对客户多一些关怀。因为人人都渴望被重视，也渴望被关怀。销售员的一声问候、一句关心，甚至是一件平常小事，能给人一种亲切感，让客户感觉销售员就像亲人一样关心自己，这无形中就增进了销售员与客户之间的"亲情"关系。

看看那些有经验的销售员，他们每次在面对老客户的时候，并不急着和客户谈"业务"，而是先询问一些其他的事情，诸如："老张，听说你儿子高考成绩非常不错，本县第五名，真是恭喜啊！""小陈，听说你最近乔迁新居了，有什么需要帮忙的尽管说一声。"……这样贴心的话语无疑会打动客户的心，让这位销售员更受欢迎。

泰国的东方饭店是一家已有100多年历史的世界型大饭店。百年以来，这家饭店几乎天天客满，如果不提前一个月预订，将很难有入住的机会。在商业如此发达的今天，一个饭店能经营到这种程度，自然有其特殊的经营秘诀。原来，东方饭店对每一位入住的客人都给予最细致入微的关怀和重视，为客人营造最舒适、最体贴的入住环境，从而吸引每一位再次来到泰国的客人再次选择入住东方饭店。

东方饭店除了在住宿、餐饮、娱乐等消费的大环境上让人倍感舒适和享受以外，在服务细节上也让人倍感温馨和体贴。比如，一位史密斯先生入住了这家饭店，早上起床出门，在走廊尽头的服务生就会笑容满面地迎上来：

"早上好，史密斯先生！"——不要感到惊讶，因为饭店规定，楼层服务生在头天晚上要熟知每个房间客人的名字，因此他们能知道你的名字也就不足为奇了。当史密斯先生走到楼梯间等待电梯时，等候的服务生就会问："史密斯先生，是去餐厅用早餐吗？"当史密斯先生走进餐厅，那里的服务生马上迎上来："史密斯先生，要坐老座位吗？"——饭店的电脑里记录了上次史密斯先生坐的座位。菜端上来后，史密斯先生询问服务生一些问题时，服务生每次都会退后一步才回答，这样做的目的是避免自己的口水喷到餐桌的菜上面。东方饭店的服务可谓用心到了极致。

时间过去了一年，两年，甚至五年，每年新年期间史密斯先生都会收到饭店寄来的贺卡："亲爱的史密斯先生，祝您新年快乐！您已经五年没光临我们饭店了，我们全店的员工都非常想念您。"

在上面的案例中，泰国东方饭店的服务人员用热情、细心、诚恳的态度对待老客户，这往往会令客户无法拒绝。而这也正是其成为百年老店的秘诀。服务人员对客户予以最高的重视，为其提供最体贴的服务、创造最舒爽的环境和氛围，从而紧紧地抓住了客户的心。这对销售工作也有很强的启示作用，销售员也应该从这方面努力，利用环境因素影响客户，打动客户的心，从而促使交易朝着积极的方向前进。

但在实际的工作中，很多销售员还是会走入这样一个误区，他们对待工作就像游牧民族，不断地逐水草而居，开辟新领地，这其实是销售员不重视老顾客的表现。赢得老顾客的忠诚，绝不是靠一次重大的行动就可以保证的。现实中，由于新客户的开发是一项比较困难的工作，吸引新客户的成本至少是维护原有老客户的5倍，因此更凸显出留住老客户的必要性。

要想建立永久的合作关系，就需要你用长期而优质的服务将他们团团包围，这样一个老客户及他所能带来的更多的客户资源就不会流失了。销售员如果只知道一味地去开发新客户,而不知道维系老客户,那么,销售员失去的也将是能让他成功的最有利因素。

因此,精明的销售员都会格外关注老客户,会定期与他们取得联系,表达问候及询问产品的使用情况等,真诚地去关怀他们。因为他们知道维护好老客户的利益,不但可以提高重复购买的概率,还会因为口碑效应赢得更多的销售机会。

乔·吉拉德就十分重视老客户,为了让客户记住他,他每年都会给老客户寄上12封广告信函,这些信每次都装在不同颜色、不同大小的信封里,以和其他邮寄的广告品相区分。

1月份,他的信函是一张精美的贺年卡,上面大写着"新年快乐",下面是一个简单的署名:"雪佛兰轿车,乔·吉拉德敬上。"此外,再无多余的话。

2月份,信函上写的是:"请您享受快乐的情人节。"下面仍是简短的签名。

3月份,信函上写的是:"祝您圣帕特里克节快乐!"

然后是4月、5月、6月……

就这样,乔·吉拉德每年都以非常愉快的方式,让他的名字出现在客户家中12次。以至于不少客户一到节日,往往就会问家人:"乔·吉拉德的贺卡收到了没有?"

乔·吉拉德让收到贺卡的客户记住了他。但他没说一句:"请您买我的汽车吧!"但这种"不说之语",不讲推销的推销,反而给人们留下了最深刻、最美好的印象,等到他们打算买汽车的时候,往往第一个想到的就是乔·吉拉德。事实上,在乔·吉拉德推销生涯的后期,他每年交易的65%都来自那些老客户的再次合作,这足以证明他这样做的价值。

"感动"敲开的是客户的"心门",追逐的是心灵的震撼;而"打动"则多是靠利益,靠销售员的花言巧语。因此,当客户明确拒绝销售员时,最巧妙的方法不是用利益去"打动"客户,而是用真诚、热情和耐心去"感动"客户。"打动"仅是单一的利益驱动,钱尽情散。而一次"感动",足以让客户回味无穷,以至于他们日后一有需要就会想到你,并会不断地影响着他周围的人。因此,销售员巧用"感动"的力量,不仅能化解客户的拒绝,更容易成就"连环销售"。

但话又说回来,关怀客户也不是随意地去关怀,不然不但起不到好的效果,还会让客户产生怀疑,到时候再想接近客户可就难了,那么,销售员在面对客户时又应该注意些什么呢?

1. 提供有针对性的关怀

像电子产品的销售员,可以给客户讲解一些最新的电子产品的使用知识;对那些在经营上失利的客户,给予一定的精神支持和技术支持;当客户遇到困难时,给予热情的帮助……通过这样的关怀都能拉近自己与客户之间的距离,赢得客户的信任。

2. 提供良好的售后服务

乔·吉拉德说,他卖出一辆车以后,要做三件事:服务、服务、还是服务。良好的售后服务是销售员获得回头客的主要原因,也是对客户的一种最大关怀。售后服务做得好,客户必然会变成回头客。

3. 常和老客户保持联系

纵观那些业绩良好的销售员,他们不仅可以不断地从老客户身上得到订单,而且,他们的老客户还经常推荐亲朋好友到他们这里来购买产品。

可见，和老客户保持个人联系是非常重要的，你可以时常给他们打个电话，询问一下产品的使用情况或者关心一下他们的生活……这一系列的关怀带给客户的是心灵的温暖，他们会认为，这样的销售员才是真正关心自己的人，不买他们的产品又买谁的呢？

而且，老客户因为已经有了使用你的产品的直观感受，所以他们知道你的产品质量怎么样，那么在此基础上，你再去维系与他们之间的情感就容易多了。而开发新客户则没有这种优势，所以你花在新客户身上的成本也就会更多。

伯内特定律：让产品在顾客心中留下深刻印象

美国广告专家利奥·伯内特认为，只有占领了人们的头脑，才能掌握市场的指挥棒。人们把这一发现称为伯内特定律。事实也的确如此，在生活中，人们打算购买某种产品时，肯定是有了想购买这种产品的意识才会做出购买行动，要是顾客根本就不知道某种产品，又怎么会产生购买意识，进而去购买它呢？

民国时期，在上海市有一家叫毅辉的老牌服装店，虽然做出来的服装样式新颖、质量上乘，但是不知为什么，一段时间以来生意一直走下坡路，就算降低成衣售价，生意仍旧不见起色。眼看服装店就要关门大吉，老板急得团团转。

尽管当时各个商家还不时兴打广告宣传，但上海的报纸也时不时地会出现一些广告语：李记饭庄，饭菜可口；张记钱庄，安全可靠……一日，烦闷无聊的老板在翻看报纸时被这些广告语吸引了，于是他也想借助这种广告来宣传一下自己的服装店。

但如何做广告才能吸引顾客呢？店老板决定召集众人一起商量对策。

账房先生献计说:"商业竞争与打仗一样,得注重策略,只要你舍得花钱在市里最大的报社登三天的广告,问题就会解决。第一天只登个大问号,下面写一行小字:欲知详情,请见明日本报栏。第二天照旧,等到第三天揭开谜底,广告上写'三人行必有我师,三人行必有我衣——毅辉服装'。"

老板的眼睛一下子就亮了起来,于是依计行事。三天过后,广告果真取得了预期的效果,给广大读者留下了耳目一新的感觉,毅辉服装店变成了人们街头巷尾热议的话题,生意自然也多了起来。

毅辉服装之所以能有这么大的成功,和账房先生的独具匠心密不可分。他利用了人们对悬念特别关心的心理,大吊读者胃口,最后揭晓谜底。广告虽然做得简单,但敢于标新立异,冲破传统观念,最终取得了成功。

管理大师德鲁克说,企业的宗旨只有一个,就是创造顾客。有差异才能有市场,因此,从某种意义上说,创造了差异,你就占领了市场。

豆浆是中国的传统小吃,虽然有"南甜北咸"之说,不过总体来说中国的豆浆千百年来总是一个老面孔,形、色、味、吃法并无多大变化。而当这种中国固有的传统食品漂洋过海到了美国商人的手里时,他们把豆浆加工成香草味、巧克力味、草莓味等,深受消费者喜爱。产品投放到200多家连锁店销售,年销售总值达3亿美元。

对于销售员而言,有一颗创意的心,强于一口伶牙俐齿,能抓住顾客的心才是销售员真正需要熟练掌握的真功夫。在物质极为丰富的今天,商机无处不在,几乎每个人都有可能成为你的顾客,关键是你有没有一双明亮的慧眼和超出常人的灵敏嗅觉,能不能及时把握商机、开拓商机!

二选一法则：把成交的主动权掌控在自己手上

所谓二选一法则，就是在对方因为存在过多选择而犹豫不决的时候，作为说服者，你只提供两种选择给对方。二选一法则代表的是一种必胜的信念，一种绝对成交、不达目的誓不罢休的态度。

二选一法则是一种提问的技巧。在我们的日常谈话中，封闭式提问多属于二选一的方法，即只让对方回答"是"或者"不是"，来达到你的目的。

"王总，想不到您对最新的网络营销技术有如此创新性的理解，如果能与您当面沟通，那将是我的荣幸！我们约个时间，让我当面聆听您的高见可以吗？"

"好的。不过本周我恐怕抽不出时间。"

"我知道您很忙，所以我才想与您见面沟通，只要花费您半天的时间就可以了。您看既然您本周的安排满了，那我们的会面是安排在下周一还是下周二呢？"

"下周一恐怕不行，我们每周一都非常忙碌，下周二吧。"

"那好,您看下周二是上午有空还是下午方便呢?"

"下午三点钟吧。"

"好的,那我下周二下午三点钟准时拜访您!"

"好的,到时候见!"

这就是一种典型的二选一问法,你提出两个可供选择的答案,对方只能在这两者之中选择,这样就让你占据了主动权。

在销售活动中,一些客户为了显示自己的实力,在销售刚开始时就表现得来势凶猛,企图使对方从一开始就处于被动地位,接受自己提出的较高要求。遇到这种情况,销售员如果硬碰硬,就很难将对方的气势压制下去,倒不如采取以静制动的方式,反而能让自己掌握主动权。你给客户提两个问题,让客户必须回答,且必须自己做出选择,这将比你单纯地说服容易得多。

当然,作为销售员,要理解客户在选择产品上的迟疑。要知道,无论是谁,当鱼和熊掌一起摆在面前的时候,都会犹豫,不知该选哪一种。所以当你面对这些客户的时候,应耐心询问他的需求,并推荐合适的产品。当客户举棋不定的时候,你可以主动询问他们需要什么帮助。

在销售员向客户推荐产品的过程中,当客户出现比较明显的"排斥"情绪时,你不要急着去追问对方"买,还是不买",也不宜频频向客户施加压力,这样做的结果通常适得其反,客户就会以产品太贵或自己没有这方面需要等原因予以推辞。因此,只有明确了客户的购买意向,才可以采用"二选一"的技巧,比如销售员可以问:"请问您是喜欢黑色的还是白色的?"不管客户最终选择了哪个,都是你满意的结果,因为选什么都已"入你瓮中"。

一次，乔·吉拉德在向一位准客户推销汽车的过程中，已经把汽车的性能、价格介绍完了，客户还是迟迟不能做出决定。于是，吉拉德决定使用二选一法则引导客户成交。

"您喜欢两个门的车还是四个门的车？"吉拉德问道。

"啊，我喜欢四个门的车。"

"您喜欢白色、黑色、红色、黄色，还是其他颜色的车呢？"吉拉德继续问道。

"我喜欢红色的。"

"您喜欢带天窗的还是不带天窗的？"

"还是带天窗的好。"

"您要车底部涂防锈层吗？"

"当然。"

"要染色的玻璃吗？"

"那倒不一定。"

"汽车胎要白圈吗？"

"不，这个还是不要了。"

"您是打算10月份提车，还是11月份提车呢？"

"10月份最好。"

"那好吧，先生，请在这儿签字，我现在就可以安排以保证您在10月的第一天就拿到您喜欢的车子。"

就这样，吉拉德成功地让这位举棋不定的客户在订单上签上了自己的名字。

销售是一种策略，你能主导客户的思维，就能成为销售赢家。而二选一法则就是你主导客户思维的最佳定律。

销售员若能驾驭客户，无论如何，客户都会心甘情愿地跟着你的思路走，这样成交的希望就很大；否则，若是轻易让客户探知了你的底线，接下来你就会被客户牵着鼻子走，甚至迫于客户的压力而不断妥协退让，最终失去销售的机会。

一个成功的销售员会对客户提出如下的问题："您需要多少？""您喜欢哪种样式？""喜欢这种颜色还是别的颜色？"面对这些问题，客户还来不及多想就直接被你引导到你的问题上，他也就会想是喜欢这种还是那种，到底哪个产品会好一些。

当然，"二选一法则"的应用也要注意把握好时机，它不是任何时候都能用的，使用时要注意以下两点。

1. 在赞同客户观点的基础上发问

在客户说出自己的意见或者看法的时候，你要先赞同他的观点或看法，这样你才有机会在后面的谈话中说出两个选择。若你一开始就反驳了他的观点，那么你们后面的谈话势必会因为论点的不同，而很难将对方引导到你想要的方向上去。

2. 要讲究时机和顺序

运用二选一法则时，切忌问："您要不要买？"而应该问："您喜欢这个还是那个？""您要两个还是三个？"以给客户一个机会选择。

二选一法则有适当的使用时机，在没有进入销售的最后阶段，不要使用二选一法则，客户尚未了解你到底要跟他沟通什么、向他推销什么，还未对你的产品产生兴趣，你突然问他打算什么时候买你的产品，这样只会让客户感到你是在忙于推销商品，从而防备心理变强。

三分之一定律：顾客最可能在一条街的三分之一处成交

在我们的日常生活和工作中，经常会有这样的现象，当一项工作进行到三分之一处时，人们最容易因为疲惫而产生放弃的想法。在此时，刚开始工作时的那种新鲜感和豪情已经减淡到几乎不见，而终点也似乎遥不可及。人们把这种现象称为三分之一定律。

这就正如社会上某些青年男女恋爱一样：据某项调查显示，现在社会上的"剩男""剩女"越来越多，这些人在彼此相处的过程中，对对方有好感而主动向对方示爱的只有14%，而对他人抛来的善意的回绝概率却高达76%。实际上，根据社会心理学，从14%和76%这两个相差悬殊的数据来看也正符合三分之一定律。

实质上，这种效应的存在更多地源自于人们的心理偏差。很多"剩男""剩女"本来遇到了极好的机会，就是因为这种心理陷阱，误认为前面还有更多的机会，陷入了三分之一定律。

三分之一定律的例子比比皆是，绝大多数人都有切身体验。当顾客走进一条商业街时，他们很多时候并不会立刻在第一间店铺选择购买，因为顾客通常不会认为在第一间店里就能买到满意的东西，他们总得走走、看看，货比三家，然后才会选择自己心仪的商品。主要原因就在于他们总认为前面的店铺还有很多，下一个会更好。也正是出于这样的心理，大多数顾客会走走停停，当走得差不多了，看也看过了，比也比过了，腿脚有点累了，心态也有些疲倦了，才会找一间合适的店，而这家店通常不在街口也不在街尾。如果这条街是一眼能看到头的，多数人都不会特意选择最中间的店，而是距两头三分之一处的店机会最大。

当然，三分之一定律也并非适用于所有商品，那些价格低廉的日常用品，如青菜摊、杂货之类则是越方便顾客购买的摊位越受欢迎。这里说的是一般情况，如果你的商品特别有特色，能够赢得顾客特别的喜爱，情况也会发生变化，这也就是"酒香不怕巷子深"的道理。

无疑，三分之一定律对销售工作是非常具有借鉴意义的。对于上门推销而言，或许你不是第一个，但如果你恰好成了顾客的三分之一，你就有可能推销成功。

对于销售员而言，应该尽可能地利用这种三分之一定律，运用心理学原理，抓住顾客的心，不要站在街头或街尾，而站在三分之一处"守株待兔"效果或许会更好呢！当然，三分之一定律固然反映了部分顾客购买产品的特殊心理需求，但是销售员还需要主动出击，找准顾客的需求点，以实现销售的成功。

斯通定理：视客户的拒绝为成交机会

美国"保险怪才"斯通认为，对于同样一件事，用不同的态度去对待，就会有不同的结果。而对于销售员而言，销售的成败完全取决于销售员的态度，而不是客户。人们把这一定理总结为斯通定理。

世界寿险首席销售员齐藤竹之助曾说："销售就是在遭遇顾客的无数次拒绝之后的坚持，也许你会被顾客拒绝十次甚至一百次。然而，就在这十次、一百次的拒绝之后，总有一次，顾客将同意采纳你的建议，就为了这仅有的一次机会，销售员在做着殊死的努力。销售员的意志与信念就显现于此。"

对一位有经验的销售人员而言，客户的拒绝不仅是销售工作中的一个障碍，也是一个积极的因素。做销售贵在坚持，不能轻易放弃，遇到挫折时，要想尽一切办法去解决。"坚持就是胜利"是每一个销售员的格言，永不言败的人，往往是容易成功的。

从事销售工作，在向客户推销商品时，遭到拒绝是非常正常的事。既然是很常见的事，是每个推销员必须面对的事，那么就把这种拒绝当作一种财富吧。因为改变不了，所以就要学会去接受。因为无法避免被拒绝，那么就把它当作一种享受吧。

很多销售员会这样想：客户都已经直接拒绝我了，他已经不要我的商品了，我还有什么办法呢？可是，现实中，销售员在推销商品时，得到的大多数确实都是拒绝，谁会无缘无故地去相信一个陌生人呢？

然而，那些优秀的销售员却有着完全不同的思维，他们在推销商品时也经常遭到客户的拒绝，可是他们绝不会自怨自艾，也不会悲观失望，在他们眼里，客户的每一次拒绝都是一次机会。因为客户的拒绝都有理由，他也许嫌商品贵，也许对商品不够信任，也许抱怨商品没有售后服务等。那么你把客户担忧的这些问题都解决了，成交就是水到渠成的事了。

毋庸置疑，在销售中遇到最多的是拒绝，如果你被别人一两次的拒绝就打败了，那你永远成功不了。市场的竞争这么激烈，你不努力又怎么能取得成功呢？

在销售员心里，一定要有这样的意识：遭受客户的拒绝不是失败，而是成功的一部分，因为在你遭受拒绝的时候，你的竞争对手可能同样遭受了拒绝。假如你和其他的十个销售员先后向一个客户推销相同的产品，第一次被客户拒绝后，有五个人继续推销，第二次被客户拒绝后，还有三个人继续推销，随着拒绝次数的增多，越来越多的人知难而退，这时候要是你还能坚持，那么你离成功就越来越近了。

被客户拒绝时，我们要弄清楚客户拒绝的原因是什么。我们要去回顾自己从约访到最后被拒绝的整个过程，看看是否在哪一个环节出了问题。如果你不知道，可以去问客户。当你去问客户的时候，你不但会了解到你被拒绝的真正原因，说不定还会创造奇迹。

王敏大学毕业后找了一份理财产品的销售工作。工作之初，每当她向客户推销理财产品时，对方听了往往只会淡淡地回一句："我不需要。"为此，她非常苦恼，不知道自己该怎么办才好。

无奈，她只好向那些表现突出的同事请教。同事说："首先你要找对客户啊！比如，理财产品的销售对象只能是那些工作稳定、小有积蓄的群体，如果是像你这样刚刚就业的人，又哪有闲钱来投资理财产品呢？"

王敏叹了一口气，说："我找的就是那些大公司的小白领啊！我最近走访的可都是身处高档写字楼里的客户啊！可没有一个成交的。"

同事笑着说："他们拒绝你，你就离开了？"

王敏有些沮丧地说："不然，我还能怎么样？"

同事说："你至少可以问问他们拒绝的理由吧！"

王敏说："问了之后怎么办呢？"

同事笑道："知道他们拒绝的理由，你的销售就已经成功了一半，接下来解决问题就行了。如果他们是因为对理财产品有疑虑而拒绝你，你就可以给他们解释清楚，让他们相信物超所值。如果他们拒绝你的理由都一一排除了，他们还有什么理由不买呢？"

王敏惊讶地说："你的销售成绩那么好，难道你也经常被客户拒绝吗？"

同事笑了一下，说："你以为呢？我并不是一个运气好的人，我只是每天都被人拒绝100次却还能联系第101位客户罢了。"

这番谈话让王敏深受启发，原来在销售中，拒绝并不只是拒绝，而是机会。她抱着这种想法再次敲开了一个客户的门。客户的第一句话仍然是："我不需要。"

王敏并没有像以前一样直接走掉，而是微笑着问："我可以问一下您为什么不需要吗？"

客户说："我现在还有很多房贷要还呢，哪有闲钱买理财产品呢？"

王敏说："其实，我们的产品就是针对您这样的客户设计的，每个月几百元的投入，收益却比存在银行要高很多，这是我们公司制作的数据分析，您有时间可以看看。"

虽然这次推销王敏没有成功，但是过了一周她再去拜访这位客户的时候，对方主动选购了一款理财产品。

销售员会被客户拒绝的原因有很多，最常见的是销售员自身的心理障碍。越害怕被客户拒绝，就越会被客户拒绝！

可见，销售员在遭到拒绝后，一定不要气馁，不要放弃，如果你选择了放弃，那么你就没了成功的机会。你要明白，客户拒绝你是正常的，不拒绝你才不正常。如果人们排队去买产品，那销售员也就没有作用了，顶尖销售员也就不会被人们尊重。当然，你更应该明白，在拒绝的背后蕴藏着无限的机会，有拒绝才有销售。找到客户拒绝你的理由，然后将理由排除，化拒绝为接受，化危机为转机，这是一个优秀销售员必须具备的素质。

销售员在面对客户的拒绝时，首先要充分了解产品的价格、性能、优缺点、使用和维修保养方法等，掌握同类商品的行情及未来产品的趋势，这样才能更加突出地介绍产品的优点，从而吸引顾客。

此外，销售员站在客户的立场上换位思考，应该体谅客户的这种拒绝心理，毕竟自己和顾客还是陌生人，彼此互不熟悉，必然存在着一种对抗和排斥心理。那么，客户的猜忌、不友好的语气甚至生硬的拒绝就不是不可以理解的了。

销售员在面对客户的拒绝时，一定要保持良好的心态，要理解客户的拒绝心理，并通过友好地沟通等方式消除客户潜意识中的排他心理，并诚恳地介绍自己的商品，直到客户相信为止。有时，就算遭到客户彻底的拒绝也不要过于在意，尽量避免跌入情绪的低谷而萎靡不振，销售员要时刻意识到，当拒绝不可避免的时候，就要学会享受拒绝。

"态度决定一切"是在美国西点军校广为流传的一句名言。这句名言告诉我们没有什么事情是做不好的,关键要看做事的态度。要想成为一名优秀的销售员,就要牢记:一切都取决于态度,你采取什么样的态度,就会得到什么样的结果。

1. 不要对拒绝耿耿于怀

其实我们每个人在这个世界上都有两重角色——买家和卖家。当你在做销售工作的时候,你是卖家,那你当然要遭受一些拒绝。同样,你在生活中也会扮演买家的角色,也会拒绝别人。这本就是生活的常态,如果你这样想的话,就不会对客户的拒绝那么耿耿于怀了。

2. 现在拒绝,并不意味着永远拒绝

销售工作,从准备、开场、挖掘需求、推荐说明一直到成交,每一步中都存在着拒绝。但这些拒绝不代表着客户的彻底否定,或许是客户对产品存在误解,或许是其他什么因素。你要在充分挖掘客户需求的前提下,保持乐观的心态,准确把握客户的需求,适当地解释清楚。当客户在确实有产品需求之时自然会选择购买。

3. 对拒绝不要信以为真

通常有些客户对并不了解的东西,最习惯的反应就是拒绝,拒绝对他来说就是一种习惯;还有些客户的拒绝,往往是需要进一步了解你的产品的正常反应,虽然这对你来说好像是挫折,但对一部分客户来说,确是被人攻破心理防线的"伪装抵抗"。所以,你不要太相信这类客户的话,只需要抱着坚定的信心继续走下去就可以了。

4. 相信拒绝一次就离成功更近了一步

一个人要想成功，除了努力地付出之外，还需要时时进行自我激励。这种自我激励是困难时的助推器，它能推动你义无反顾地向前。因此，在推销的过程中，销售员不要消极接受别人的拒绝，而要积极面对。当你的推销遇到千万次拒绝时，就要思考一个重要的问题——自己能不能再坚持呢？不要听见"不"字就打退堂鼓。应该让这种拒绝激发你更多的潜力。

当拒绝不可避免的时候，那就得学会享受。销售就是这样，你不能因为客户的拒绝就放弃这一种职业，而应该把拒绝当作一种享受。

第六章
销售员必知的心理学效应

销售员只有在整个销售过程中对客户心理洞若观火，才能妥帖地找到针对客户有效的销售技巧。有时，在真实诚信的基础上，采用一些借力打力的销售策略，让客户顺着你的思路前进，会起到意想不到的作用。

焦点效应：让顾客觉得自己很特别

试想，当你拿起一张包括你在内的团体照片时，你会先看谁呢？毫无疑问，一定先看自己。当联考放榜时，你会先找谁的姓名呢？不用说，当然先找自己的大名。每当我们到风景区游览时，经常会发现有不文明的人在石头或树木上刻名留念。为什么他们会有这种幼稚的举动呢？因为他们希望"永远活在别人的心中"。

由于人类最关心的是自己，所以连带非常关心自己的姓名。假如你能够尊重并牢记别人的姓名，就表示你在乎他，这不但能建立良好的人际关系，而且对销售业务的拓展也大有帮助。

原本对于钢铁行业一窍不通的安德鲁·卡内基，如何成为举世闻名的钢铁大王的呢？他成功的秘诀之一就是极为尊重别人的姓名。

10岁时，卡内基无意间得到一只母兔，不久，母兔就生下一窝小兔子。可是，他的零用钱有限，没有足够的钱买饲料来喂这一窝小兔子。于是，他想出了一个主意，他告诉邻居小朋友，只要他们肯拿食物来，他将用小朋友的名字为小兔子命名。

小朋友听了,立刻踊跃提供食物。这件事给卡内基极为深刻的启示:人们非常在乎自己的姓名。

卡内基长大成人后,有一次为了竞标太平洋铁路公司的卧车合约,与竞争者布尔门铁路公司针锋相对。双方为了中标,不断削价火拼,均已到了无利可图的地步。

一天,卡内基与布尔门都到纽约去见太平洋铁路公司的董事长,他们在饭店门口巧遇了。

卡内基对布尔门说:"我们这不都是在为难自己吗?"

布尔门说:"你指的是什么?"

卡内基向布尔门陈述恶性竞争的危害,并提议携手合作。布尔门认为有些道理,可是仍旧无法全部接受。

布尔门突然问道:"假如我们合作,新公司要取什么名字好呢?"

卡内基想起了童年养兔子的往事,断然回答:"当然要取'布尔门卧车公司'啦!"

布尔门听了,顿时双眼发亮,两人很快就达成了合作协议。

又有一次,卡内基在美国宾州匹兹堡建了一家钢铁厂,专门生产铁轨。当时,美国宾夕法尼亚铁路公司是使用铁轨的大客户,该铁路公司的董事长叫汤姆生。卡内基又想起养兔子的故事,于是,他把新建的钢铁厂命名为"汤姆生钢铁厂"。

卡内基这一套"尊重别人姓名"的本事,使他无往不利,生意兴隆,最后建立起了他的钢铁王国。

对任何一个人而言,在任何语言中,最动听、最重要的字眼就是他的名字。当你走在陌生人群中,突然听到有人呼唤你的名字,你有什么感受?兴奋!即使这个能叫出你名字的人是曾经向你推销过某种商品的人,也丝毫不影响你愉快的情绪,而且能让你加深对他的印象。

真心地向客户求教,是使客户认为在你心目中他是个重要人物的最好办法。既然你如此看得起他,他是不会不给你面子的。

罗斯福总统知道一种最简单、最明显、最重要的得到好感的方法,就是记住别人的名字,使人感到被重视。曾经发生过这样一件事:克莱斯勒汽车公司为罗斯福制造了一辆汽车。当汽车被送到白宫的时候,一位机械师也去了,并被介绍给罗斯福。这位机械师很害羞,躲在人后没有同罗斯福讲话。罗斯福只听到了一次他的名字,但当他们离开的时候,罗斯福找到这位机械师,和他握手,并叫着他的名字,谢谢他到华盛顿来。机械师深受感动,数年以后还经常提起罗斯福。

了解"尊重别人姓名"的重要与价值之后,我们就得进一步设法牢记别人的姓名。

我们常听许多人说:"我就是记性很差,老是记不住别人的姓名。"或是说:"我的记忆力不好,因此人跟名字就是对不起来。"这样一味地抱怨只会让你懒得去记别人的名字,而不是记不住。记别人的姓名很困难吗?雪佛兰通用汽车分公司的总经理巴布·兰德能记住6000个人的姓名;美国前邮务总长杰姆能牢记50000个人的姓名!

巴布·兰德能够牢记全美6000个以上的雪佛兰汽车经销商的名字,在每一次的经销商联谊会议上,他都能一一叫出每一位经销商的名字,并亲切地跟他们寒暄。他这种超乎常人的本领,是他成功的原因之一。

杰姆10岁丧父,连小学都没读完,但他在46岁时,获得了四所大学的荣誉学位,并担任美国邮务总长。杰姆成功的秘诀就在于能牢记50000个人的姓名。这套特异本领,甚至在富兰克林·罗斯福入主白宫时起到了重要作用。他的事例给以后的政治人物上了最宝贵的一课——选举要得胜,必须牢记选民的姓名。

或许你会说,兰德、杰姆都是特例,一般人做不到。其实记人名就跟背英文单词一样,只要肯用心,下苦功,必有所成。

对一般人而言,记几十、几百个姓名不难。可是,能记数千、数万个人名就非比寻常了,那将成为一把通向成功的钥匙。要牢记人名,可参考下面三个方法。

1. 用心仔细听

把记别人的姓名当成一件重要的事情去做。每当认识新朋友时,一方面要用心注意听,另一方面要牢牢地记住。若听不清对方的大名,请立刻再问一次。切记!每一个人对自己的名字,比对全世界所有的人名合起来还关心。

2. 利用笔记,帮助记忆

别信任自己的记忆力,在取得对方的名片之后,必须把他的特征、嗜好、专长、生日等写在名片背后,以帮助记忆。当然,若能配合照片另制资料卡,就更理想了。

3. 重复是记忆之母

经常翻看你的客户档案,并在日后做好跟进记录,这样一来,你就会渐渐熟悉这些客户,并牢记他们的名字。在与客户的交往中,要留意并尽快知道客户的名字,必要时可以有礼貌地问"先生,请问您贵姓?"一旦知道客户的名字，马上在心里重复念三次遍，以加深印象，并反复利用各种机会，用名字来称呼客人，这样有助于记住对方的名字。

另外，别人会很乐意听到你提出如下问题："可否请您再说一遍您的名字？""您的名字是怎么写的？"记住，每个人都喜欢别人叫自己的名字。你尽管叫他的名字！不要不好意思问清楚别人的名字。

互惠效应：拿人家的就会手短

法国人类学家马塞尔·莫斯说："给予是一种责任，接受也是一种责任，偿还也是一种责任。"当有人给予你帮助的时候，你肯定感觉有愧于他，总想找个机会偿还。这就是人类普遍的心理共识：我们应该尽量以相同的方式回报他人为我们所做的一切。概括起来就是一种行为应该用一种类似的行为来回报。人们对于别人的帮助或赠予很难做到置之不理，就算我们不愿意或者力不从心，也不愿意背负有愧于对方的心理负担。

中国人特别讲究"来而不往非礼也"，当别人给了我们某些好处，或者做出了某些退让，我们就会本能地想到以另一种好处来报答别人，或者也做出一些退让，这样才能感到心安。在人们的意识中，大家都认为接受了别人的恩惠、馈赠、邀请等，就有责任回报对方，而且这是理所应当的。在这样的心理压力作用下，很少有人能够无动于衷，这就是互惠效应的巨大影响。

对于销售员而言，把这种影响运用到销售之中，也会产生积极的效果，如一些蛋糕店让路人免费品尝自己的蛋糕，其最终的目的是让路人去购买。假如你接受了蛋糕店免费提供的糕点，尽管觉得味道一般，但你一定会有这样的想法：我是不是应该购买一袋呢，吃都吃了，不买的话是不是显得有些失礼呢？

可见，你想要获得什么样的回报，往往不在于别人想要给你什么，而是你曾经给了别人什么。当你实实在在地为别人做了一些事情，给他带去了一些好处，别人就会想方设法地来报答你为其所做的一切。

一天，王女士接到一个电话，对方是一位年轻的男士，自称是智能家居安防系统的服务人员，询问王女士是否愿意了解一些家庭安全管理方面的知识，是否愿意让公司的工作人员到她家里检查一下有没有什么安全隐患，而且参加这项活动可以免费得到一个家用灭火器，并声称这一切服务都是不收费的。

王女士对此很感兴趣，于是欣然接受了对方的提议，并约好第二天上午等着他们的工作人员上门服务。

第二天一早，那家智能家居安防系统的服务人员果然来了，并对王女士家里的水电系统进行了仔细地检查，还果真赠送给王女士一个手持式便捷灭火器。检查完毕之后，服务人员给王女士讲了一些关于家居安防系统的常规知识，并对王女士家里的安全隐患做了一个评估。王女士感觉安装一套智能家居安防系统很有必要，于是，服务人员便向王女士系统地介绍了公司的产品。最后王女士自然而然地购买了一套智能家居安防系统，并且觉得这家公司的服务人员给了自己莫大的帮助。

这就是互惠心理在起作用。俗话说："吃人家的嘴软，拿人家的手短。"在上面的案例中，王女士因为收下了服务人员馈赠的小型灭火器，并且对智能家居安防系统确实有需要，最后的成交也就是必然的了。

销售，其实就是销售人员与客户之间打的一场心理战，如何在这场战争中取胜，不仅要与对方斗智斗勇，还要让对方心悦诚服。销售员在销售的过程中，可以适当帮对方一个小忙，或给对方一些赞美等，当对方受到了你的恩惠，也就会在自己力所能及的范围内给你一定的回报。互惠是一种普遍的心理影响力，销售人员应善于运用这个心理效应，这样就可以在与客户打交道的过程中占据心理优势，更容易与客户建立良好的关系。

总之，这就是互惠效应。首先给对方"好处"，让对方尝到一点甜头，从而使对方内心产生一丝收到恩惠的不安，这样就可以用一种无形的力量拴住对方的心，从而扩大自身的影响力。当然，互惠效应也不是屡试不爽的，总有失效的时候，因为社会上总有人会无动于衷，会知恩不报，但这样的人毕竟是少数。所以，对于销售员尤其是销售新人而言，完全可以通过互惠效应作为第一步，成功打开客户的心门。

人性效应：比商品更重要的是人性

在销售现场，销售员可以直接和客户做面对面的沟通，向客户介绍产品，回答客户提出的问题，诱导客户做出购买决定。把产品卖出去是销售员的职责，但一个好的销售员不应仅仅是一个推销产品的人，还必须是一个为客户谋利、帮客户选购产品的人。

美国寿险奇才巴哈推销成功的秘诀是：让客户获益，使客户从他身上得到的利益大于他从客户身上得到的利益。也就是在了解客户需求的基础上，让他的每一位客户在购买他推销的保险时，总会认为自己获得的利益要远大于巴哈的业务提成。

一次，一个客户找到巴哈，对他说："我要买三份保险，我自己买5000美元的寿险，我太太和孩子各买1000美元的寿险。"

巴哈听了这位客户的话，知道他对寿险理解有失偏颇，于是开始给客户解释说："寿险的目的是让当父母的去保护孩子，而不是让子女去保护父母。"

最后，客户接受了巴哈的建议，只为自己和妻子买了寿险，而给孩子买了意外伤害险。虽然这笔生意全额减少了，但这位客户成了巴哈忠实的老客户。

可见，销售人员必须处处考虑客户的利益，帮客户做出最佳的选择。因为只有赢得客户的信赖，推销工作才会成功。那么，销售员应该如何帮助客户呢？

（1）询问客户对商品的兴趣、爱好以选择最能满足他们需要的商品。

（2）向客户介绍产品的特点及买到此种商品后将会给他带来的利益。

（3）回答客户对商品提出的疑问，并说服客户下决心购买此商品，让客户相信购买此商品是一个明智的选择。

（4）向客户推荐别的商品和服务项目。

莎莉毕业后在美国联合航空公司票务组工作。凭着对工作极度的热情，虽然莎莉是一个新人，但其所负责的业务量已经在公司名列前茅。在一次公司的内部培训会上，领导让她跟大家分享一下工作如此成功的经验。

莎莉说："其实我也没有什么成功的秘诀，就是注意客户信息的收集和有效管理。"说完她拿出了一个本子展示给大家看，上面记满了客户的名字及其住址和经常乘坐的航班，甚至刻意标注了客户的生日、爱好、家庭情况，等等。

领导笑着说："你都快成联邦调查局局长了。"

莎莉笑了笑说："就是因为有了这些详细的信息，所以对于客户的出行计划我几乎都是最先知道的，因而我就可以根据他们的出行时间向他们推荐最合适的机票，他们当然也就不会拒绝了。"

事实上，莎莉能够取得工作上的成功，就是因为凭借这些资料成功地和客户建立了有效的联系。她的这个习惯让她在接触到新客户之后，立即着手搜集客户的资料，然后有针对性地定期电话联系，从而得知客户的近期行程。正是由于她很清楚客户的需求，因此销售机票就水到渠成了。

销售工作是一个很细致、系统的工作，它不单单是你买我卖的一个交易，同时也需要你投入更多的时间为你的客户服务，投入更多的真诚，让你的客户感受到你的诚意。在销售当中，有些客户之所以选择购买你的产品，并不是因为你的比别人的好，而是因为你这个人比他们会办事，让人心里觉得舒服。

成功的销售员都善于从客户的角度思考，先了解"客户为什么购买"，然后才开展销售工作。

加拿大华裔商人，香港开埠后第三位首富李嘉诚先生是从做推销起步的。有一次他到一个杂货店推销铁质水桶，但杂货店老板因为铁质水桶价格比较贵，普通市民多会购买相对便宜的塑料水桶，而拒绝了李嘉诚的推销。

李嘉诚登门拜访了好几次，杂货店老板仍旧没有答应。后来，一个偶然的机会，他得知这位老板老年得子，对孩子十分宠爱，而且这孩子十分喜欢看赛马，但是老板要在店里招呼生意，所以一直都没有时间陪孩子一起去看。李嘉诚了解到这个情况后，立即表示愿意自己出钱带孩子去看赛马，此举无疑让老板十分感动，不久就在李嘉诚那里采购了一批铁桶。

那些成功的销售员常说一句话：人性之所在，行销之所在。可见，只要把握住了人性，就把握住了成功。一个成功的销售员，在一个领域做得比较好，在另一个领域仍然会做得很好，就是因为他销售产品的方式不是针对产品本身，而是给予客户更多的人性关怀，从而实行有针对性的销售策略。

权威效应：顾客更信赖专家式的销售员

权威效应，也被称为权威暗示效应，是指一个人要是地位高、有威信、受人敬重，则他所说的话及所做的事就容易引起别人的重视，令人觉得可信，也就是我们日常最常说的"人微言轻，人贵言重"。

在现实生活中，利用权威效应的例子很多：做广告时请权威人物赞誉某种产品，在辩论说理时引用权威人物的话作为论据，等等。在人际交往中，利用权威效应，还能够达到引导或改变对方的态度和行为的目的。

美国曾有一个心理学家做过一个实验在给某大学心理学系的学生们讲课时，他向学生引荐了一位国际知名的"化学家"，并且这位"化学家"最近研究出一种新的化学品。

实验开始后，这位"化学家"煞有其事地拿出一个瓶子，瓶子里装着透明的液体，然后郑重地告诉同学们，这是他新发现的一种化学物质，其味道可以在空中迅速传播，而只有对化学药品有敏锐感知的人才能通过空气的传播感受到。

然后，这位"化学家"便打开瓶子，交到同学们的手中传阅。听了这位

"化学家"的介绍，同学们个个都屏气凝神，用心体验"只有对化学药品有敏锐感知的人"才能得到的感受。

传递完后，这位"化学家"开始让同学们谈自己闻到的感觉。有的说，这是一种与过去所有的化学药品味道完全不同的东西；有的说，教授打开瓶子后，立即就会感受到一种由前至后扑鼻而来的清香，"味道好极了"；还有的说似乎是一股淡淡的咸味……全班没有一位同学表示不同的看法。

待大家讨论结束，"化学家"告诉同学们，他不是什么化学家，而是本校新来的一位普通的心理学教师，瓶子里装的不过是刚刚从学校自来水管里接来的自来水而已。接着，他表示他的心理学实验圆满完成，"谢谢大家的真诚合作！"

对于本来没有气味的普通自来水，在这位"权威"的心理学教师的语言暗示下让多数学生都认为它有气味。这样的实验结果无疑令人称奇，为什么所有的学生都会出现这种明显的嗅觉误判呢？这是因为人们对权威的信任和遵从，使其对"国际知名的化学家"没有表示任何怀疑。首先，人们都有一种"安全心理"，总会先入为主地认为权威人物的思想、行为和语言是绝对正确的，听他们的准没错。其次，由于人们有"赞许心理"，即人们总认为权威人物的要求往往和社会规范相一致，按照权威人物的要求去做，会得到各方面的赞许和奖励。

人们对权威的深信不疑和无条件遵从，会使权威形成一种强大的影响力，利用这种权威效应可以在很大程度上影响和改变人们的行为。在现实生活中，"权威效应"的应用很是广泛，如许多企事业单位、商场、酒店、学校以及娱乐场所大都愿意请名人雅士题写名称；很多书籍，也喜欢请名人题签；有的药品、保健品的宣传资料上，常常见到社会名流的题词和接见董事长、总裁的照片——这一切，都是权威效应在起作用，以突出自己的产品，达到增加销售量的目的。

　　在一定程度上，权威代表着社会的认同，代表着绝大多数人的意见。在其强大的影响力下，人们会变得很顺从，而对权威不敢发起挑战。因此，在销售中，销售员也可利用"权威效应"去引导和改变顾客的态度以及行为，这往往比单纯销售的效果更好。

　　木兰是某商场女装区的销售主管，干了8年服装销售的她深谙顾客的心理。

　　一天上午，一位中年女士来到木兰负责的门店，她转了一圈，最终目光停留在一件湖蓝色的职业套装上，似乎非常喜欢的样子。木兰看在眼里，便慢步上前给她介绍了这款服装的面料、厂家等信息。可是一番详细的商品介绍并未彻底打消女士的顾虑，她表示还要考虑一下。

　　木兰说："好的，不过我还是想了解一下，您对这套服装还有哪些不满意的地方呢？"

　　"这套衣服款式是不错，但是颜色会不会太显眼了些。"

　　"您是担心颜色不适合您吗？"木兰问道。

　　"是的，在工作的时候我还从来没有尝试过这种颜色的服装。"

　　"其实您大可不必担心，从色彩搭配来看，您的皮肤较为白皙，穿着这套湖蓝色的套装，整体效果应该很明快。我觉得这套服装真的很符合您的气质。要不您试穿一下？"

　　听了木兰的分析，女士似乎也觉得不错，便去了试衣间。

　　女士换上套装，来到试衣镜前，木兰由衷赞道："您看，这套服装非常适合您，显得您的皮肤更白皙了呢！"

　　"嗯，穿起来确实还不错，那就决定要这套了，你去给我开票吧。"

　　在销售过程中，当顾客对某件商品表现出恋恋不舍却又犹豫不决时，说明他对该产品感兴趣，只是心存疑虑。而销售员消除顾客的这一疑虑，最有效的方法就是用专业的知识和眼光，提出建议，让顾客相信"商品确实适合我"，从而最终决定购买。

销售员在销售过程中如果能够巧妙地运用权威的引导力，则能够对销售起到很大的促进作用。当然，销售员也要正确合理地运用这种优势，而不能贪图眼前的利益弄虚作假欺骗顾客，否则必然会导致严重的后果。

稀缺效应：短缺会促使商品升值

鲁迅先生曾在《藤野先生》一文中说过这样一段经典的话："大概是物以稀为贵罢。北京的白菜运往浙江，便用红头绳系住菜根，倒挂在水果店头，尊为'胶菜'；福建野生着的芦荟，一到北京就请进温室，且美其名曰'龙舌兰'。"

"物以稀为贵"。在生活中，原本一件对自己没有什么吸引力的东西，当变得很抢手时，这件东西就会在突然之间变得很有诱惑力。那么，是什么魔力让同样一件东西转变如此巨大呢？是因为短缺。当我们能够获得某种东西的机会越来越少时，其价值就会升高。如画家的原作只有一幅就显得十分宝贵，因此，许多书画家惜墨如宝，不滥画滥卖，其价格就比印刷得十分精美的高档复制品贵得多，购买人也多得多。作品太多就会贬值，而不会产生稀缺效应。

在消费心理学中，人们把"物以稀为贵"而引起的高价购买行为称为"稀缺效应"。在生活中，你也经常会发现很多商家常使用"一次性大甩卖""清仓大特价"来引诱顾客，让顾客产生购买行为。因为这次不买下次再也没有这样难得的机会了。而这种"机会越少，价值越高"的短缺原理，往往会对我们的行为产生很大的影响，而且这种影响是全面、深刻的。

  2009年10月，微软Windows7正式在北京发布。Windows7家庭普通版售价仅为399元，这也是微软历年来在华销售的最低价，一经推出就立刻引起了市场的火热追捧。短短两天时间，Windows7就出现了供不应求的局面。要知道Windows7在上市之前的宣传攻势长达5个月，怎么可能出现上市仅仅两天就断货的情况呢？
  对于这一突发状况，微软在接受媒体采访时，并未对市场上疯传的"饥饿营销"予以正面回应，只是表态说微软正和众多合作伙伴密切合作，加大供货力度，确保用户在第一时间购买和体验到Windows7。
  其实，有关专家分析指出，微软有意调低供货量，为的就是能够达到调控供求关系、制造供不应求的假象、维持商品较高的售价和利润率的目的。

  在上述案例中，这样的推销策略无疑对Windows7的销售具有巨大的推动作用。很多顾客为了尽快购买到Windows7，会果断地做出购买的决定——先将自己喜欢的商品据为己有，这样才能够安心。对于销售员来说，如你想让顾客接受你的某种建议或者要求，告诉他如果不接受就会造成什么样的损失，要比告诉他接受以后能够得到什么样的好处更容易说服对方。这就是稀缺效应给人们造成的巨大影响。

  克鲁斯是一名从事房地产业务的推销员，在他手上有两栋房子待售。此时，他在和客户交谈时会这样说："您看这两栋房子怎么样？不过其中一栋房子前两天已经被一个人预订了，今天我们可以看看另一栋，其实也是非常不错的。"

听克鲁斯这么一说，客户肯定会产生"被人预订的房子肯定是更好的房子"的想法。在这种心理暗示下，客户在看完两栋房子后甚至更加坚定了自己的想法，也表达了想要购得那栋被预订的房子的愿望。但是克鲁斯并没有立刻答应，而是认真地说："看来您也非常喜欢那栋房子，这样吧，我询问下那个预订房子的客户有没有可能变动，您明天下午三点钟左右给我打电话，好吗？"

第二天下午，客户果然如约打来电话询问房子的事情，克鲁斯用略带兴奋的语气对客户说："好消息，您看中的房子有希望了，我打电话询问了预订房子的客户，他因为资金出现了一些问题，只能取消购房计划了。感谢上帝，这回房子的主人就是您了。"

在上述案例中，克鲁斯无疑很好地利用了那位客户的稀缺心理实现了快速成交的目的。

数量有限的信息确实会对消费者的购买决策产生有效的影响。因此，如果销售员能够将这种策略合理地应用到商品的销售过程中，则会有效地促进销售。当销售人员发现顾客对某种商品感兴趣的时候，如果能对其进行巧妙的引导，在说明商品质量可靠、价格实惠的同时，不妨再加上这样一个善意的提醒："这款商品刚刚卖出去一套，这恐怕是我们这里的最后一套了，如果错过，就需要等一个星期以后再来了。"顾客听到这样的话，往往会在害怕买不到的心理作用下，迅速地做出决定，先买回家再说，不能让别人抢先。因为拥有它的机会变少了，其对顾客的重要性也就大大提高了。

实际上，顾客的犹豫不决往往来自于对产品的不够肯定，所以销售员要始终给予客户肯定的启发，帮助其消除疑虑。然后通过自己真诚和良好的服务去赢得对方的信任。

销售员经常会遇到的情况，就是无论销售员自己说得如何天花乱坠，演示得如何淋漓尽致，一些顾客却始终表现出一副犹豫的样子，在签单的时间问题上总是一再拖延，总爱说"我再考虑考虑""我们再研究研究""等我考虑好了给你打电话"等，就是不能下定决心。这些托词其实都是拒绝的借口，销售员稍不注意将会前功尽弃。

面对这样的顾客，销售员要学会分析，如果顾客对产品各方面都基本满意，而且资金上也承受得起，销售员一定要让顾客知道，这种商品比较畅销或比较紧缺，让顾客觉得现在就是购买的最好时机。比如，销售员可以说："今年下半年这件产品的货可能会比较紧缺，因为公司计划减少产品供应量。"或者"现在原料价格都涨了，这款商品的价格也会相应提高，建议及早购买。"顾客听了这些话，他的"物以稀为贵"和"害怕买不到"的心理就会被激发出来，下一步，他便会决定：现在就购买。

折中效应：报价要留有余地

一般，销售员报价时要留有足够的利润空间，为谈判留下回旋的余地。如果销售员一开始就把自己的底牌亮出来，而顾客仍不断要求销售员增加其他优惠条件，这时候销售员就无路可退了。

所以，销售员一开始报价并不见得要报市场最低价，而要根据市场的零售价，报一个合理的价格，让顾客即使经过市场调查，也还是认为这个可能是市场最低供货价。同时，当销售员一旦承诺现在的报价是市场最低供货价时，就绝不能在价格上让步，因为越让步顾客就越觉得报价有水分，甚至会怀疑销售员的诚信。

小张是某洗涤用品的销售员，一次他去某大型超市推销自己公司的产品，在超市采购部负责人的"威逼利诱"下，小张为了能够和这家超市建立长期的合作关系，便把厂家的最低供货价报了上去，但超市采购部负责人仍不满意，还以自己进货量大为由要求小张再给予一定幅度的让利，这下小张没办法了，他的报价已经没有多少谈判的余地了，根本不可能承担其他进店费用和返利，而超市采购部负责人并不认为小张已经给了最优惠的供货条件，最终导致谈判无法进行下去。

在销售过程中，买卖双方大多只会关心自己的利益，买方想要花最少的钱买到更有价值的商品，卖方则想通过卖出更高的价格获得更大的利润。这也就是我们最常见的买卖双方讨价还价的根本之所在。

在生活中，也不难发现，有些店铺门口挂着"谢绝议价"的牌子，这样的店铺，一般顾客是不会选择进去的。因为在一般人的消费习惯里，讨价还价已经是一种可能和必然。如果一件产品市场价格是500元，最后经过讨价还价，顾客以495元买下这件产品，他就会非常高兴。相反，如果店家给出了495元的市场价格，却拒绝议价，顾客很可能不会购买这件产品，即使这件产品的价格真的已经处于市场平均价格水平，顾客也不会选择相信店家的一家之言，相反，他们还会认为商家没有人情味，原本打算购买的念头也会因此而打消。

可见，商品的报价除了要考虑顾客的支付能力外，还必须顾及顾客的心理因素。在具体报价时，销售员必须综合考虑企业形象、经营状况以及产品特点等因素。

因此，对销售员而言，在给顾客报价时，一定要留下可以议价的空间，让他们从议价的过程中得到满足。这样最后成交的概率就会大大提升。

有一个女孩去逛街，她在一家服装店看上了一条裙子。但在最后谈到价格时，店家寸步不让，坚持按照衣服标签上标的290元出售。女孩明显还要说些什么的时候，店家指着墙上的一个牌子说："您也看到了，我们这明示'谢绝议价'，这是我们店的规定，是不能砍价的。"女孩听了没有再说什么，又随意转了下便离开了。

她转到另一家店，看到了同款的裙子，店家的标价是390元。见到有客户到来，店家笑盈盈地迎上来说："小姐，喜欢的话，可以先试试，现在我们店里有优惠。"这样的态度明显勾起了女孩的兴趣，刚才遭遇的不快似乎也消散了不少。女孩很愉快地拿起裙子进入试衣间，试穿效果很好，店员也一直在旁边夸赞。到了谈价格的时候，女孩坚持想让店家优惠一些。店家笑着说："其实这条裙子也没多大的利润，但是看你穿着这么合适，想要特意去找这样的模特还找不来呢，你穿着就相当于给我们店的服装做宣传了。这样吧，给你打八五折吧，331元。"

这个价格自然也不是女孩能接受的，她说："这个价格实在超出了我的预算。再优惠一些吧，给我一个最优惠的价格，我以后会经常光顾的。"店家明显看出女孩是真心想买，便没有在价格上一再坚持，而是说："好吧，你这么可爱，我还真不忍心拒绝呢！那就给你一个我们店VIP客户才能够享受到的折扣吧，七五折，292.5元。这个价格可是最低了，不能再便宜了。"女孩一听，这价格比上一家还贵2.5元呢，但是2.5元算什么，对方已经一再做出让步了，至少心理平衡了。最终女孩以292.5元的价格买下了裙子，但是很明显她的心情很好。

第一个商家的裙子尽管价格较低，但是由于店家说话生硬绝对，毫无回旋的余地，让女孩听着极不舒服，这也是交易失败的原因所在。

第二个商家的标价明显高出很多，而最终成交价格也跟第一家差不多，但是带给女孩的感受却是愉悦的。

上面这个女孩的购物经历说明了一个道理，那就是很多顾客在购买过程中并不喜欢一口价。哪怕你给出的价格的确是最便宜的，也不如给他们一个讨价还价的空间，以便满足一下他们喜欢砍价的心理。而且，通常情况下，顾客往往也不相信销售员第一次给出的价格就是最低价，如果你不给他们留有议价的余地，他们便不会心甘情愿地购买。因此对于销售员而言，要善于运用折中效应。

老虎钳效应：你再加点，生意就成交

销售员都知道，销售利润来自产品成本和销售价格之间的差价，在成本不变的情况下，售价越高，利润也就越高。每一个销售员都希望自己所出售的产品销路好，受顾客欢迎，同时也希望产品能够卖个好价钱，多获得一点利润。

在销售过程中，当顾客认同了你的产品，希望你降低价格时，你应该积极应对顾客的讨价还价，充分利用示弱、赞同、争取理解、获得同情等技巧与顾客谈价，以赢得顾客的好感。这时，有一个策略绝对有助于销售员顺利闯过谈判关，那就是所谓的"老虎钳"策略。销售新人们不妨将其理解成这样一句简单的话："你再加点，生意就成交。"

在销售过程中，当顾客听到你的报价后，如果他还坚持再转转，你该怎么办？不要急着降价。你必须明白，如果你已经摸清了顾客的真实需求，完全可以继续深入了解顾客内心担心的事情，或许他很快就会对你说："我在其他店里已经看到了一款相同的产品，但是我想多转转，多了解一下产品的市场情况也没有什么坏处。当然如果你肯给我最低价，我可以决定在你这买。"

这时候，作为销售员的你就应该拿捏好你的"老虎钳"，平静地回答："我这报的绝对是市场最低价了！"

老练的买主自然会进行反驳："你这绝对不是最低价，这样吧，我也是诚心想买，你看在出厂价的基础上我再加多少能成交？"以此迫使你说出具体的数字。

这样的场景随处可见，对于销售员而言没有必要急于求成压低报价。实际上，能进入谈判最后关头，说明顾客已经有了成交意向，这时你需要做的，其实就是坚持自己的报价和引导顾客成交。

那么，如果顾客首先使用了"老虎钳"策略，你应该怎么办呢？记住，这时你就用这样的对策反问对方："多少更合适呢？"这将迫使买主说出具体的数目，无疑能够为你的闯关成功率增加砝码。

顾客："我的上司刻意吩咐我在定价上一定要和你们好好谈一谈，你们的报价确实比另一家同类公司的报价高出很多，这你们应该也是清楚的。"

销售员："是的，是这样，但是我们所提供的产品的稳定性相信贵公司也是有目共睹的。在实际的工作运用中，相信贵公司对设备的稳定运行有着很高的要求，而我们的设备完全可以做到。想想看，在工作中如果客户等着要结果，你们能让他们等太长时间吗？关于价格的问题，什么样的价位您可以接受呢？"

顾客："我的上司说降10万这个合同就可以签了，你看怎么样？"

销售员："哦，降价这么大的幅度，我手上没有这么大的权限，我帮您请示经理，看看他的意见吧！"

顾客："好的，那我等你的消息。"

五分钟之后，销售员回来了。

销售员："我去请示了经理，替你们公司说了很多好话，还说下次还会有机会合作的,而且你们也会向合作企业推荐我们的设备,最终他同意让价8万元。"

顾客:"好的,好说,我们一定会向合作企业推荐你们的设备的。"

所以,运用"老虎钳"策略,高明的销售员在顾客报出不合理的价格后总会回答说:"对不起,您还是出个更合适的价格吧",然后沉默,至少在你弄清顾客会不会接受你的报价之前就表态是很愚蠢的。

马力在一家大型商场的采购部工作,他的工作就是从众多的供应商中挑选出最有价值的商品。他的同事们的工作流程一般是了解几家有资质的商家的价格,然后选择最低的那一家进行联系。但马力却不这样,他每次都是将商家们报价单上的数字一笔画掉,然后在旁边写上"你还是给个更合适的价格吧",然后再把报价单寄给他们。一般来说,商家们反馈回来的价格总能比原来的价格低。

可不要小看这一策略的意义,假设你对一个买主做出了200元的让步,这和这笔生意是1000元,还是100万元,都没有关系,你让出的价钱仍然是200元。你应该想的是:"在谈判桌中间放着200元,你能争取到多少?"

所以,如果你不想让无数个200元的销售额白白流失,你就应该坚持使用"老虎钳"策略,在向对方说出"你们还是给个更合适的价格吧"之后,保持沉默,而不是草率地做出最后的决定。

退让效应：让顾客感到愧疚地让步

一位出色的销售员在谈判过程中不仅能够令已经同买主达成的交易锦上添花，还能够使买主同意曾否决的事情。

一个成功的谈判过程可以被形象地比喻成向山上推一个球，山顶就是你谈判中的第一次认可。一旦到达这一点，球就会轻而易举地滚到山下。其本质就是人们在做出最初的决定之后感觉好起来了，随之压力减轻，感觉轻松了许多。对方的意识进一步肯定了他们刚刚做出的决定，对你可能提出的任何要求他们都更容易接受。

优秀的销售员都有一个秘诀：在谈判时不会同时提出所有要求，往往是在谈判中先让对方同意，然后再回过头来追加要求。

对于销售员而言，如果你想要别人答应你的某种请求，你可以先提一个比较大的、难以做到、对方有可能拒绝的请求，然后在对方拒绝之后，再把你真正的请求提出来。这样就相当于你向对方做出了让步，而对方则有义务也对你做出相应的让步，因此，你的请求是很容易被对方接受和应允的。如果没有之前的退让，而直接提出来，则遭受对方拒绝的可能性是非常大的。

在销售实践中，采取这种退让的形式，比起那种直截了当的方法更能达到预期的效果。

一个十几岁的小女孩，在街上卖玫瑰花，她拦住了一个年轻的小伙子，说："大哥哥，买一束玫瑰送给女朋友吧！一束十支，只卖50元。"小伙子摇摇头说自己没有女朋友，不需要买玫瑰花，说着就要离开。小女孩又拦住他："大哥哥，你这么英俊，肯定有女孩子喜欢。既然你不想买一束玫瑰花，那就买一支吧，才5元钱。"小伙子觉得小女孩挺有意思，笑着对她说："买一支我也不知道送给谁啊，算了，你卖给别人吧。"小女孩还是不罢休："大哥哥，既然你不想买玫瑰花，要不要买几块巧克力，一块1元钱，很实惠的。"小伙子没有办法了，因为小女孩一再请求，如果自己再拒绝，心里就会觉得更加不安了。于是他买了两块巧克力。

在这个例子中，小伙子在小女孩的一再请求下，由原来的拒绝渐渐地变成了接受和顺从，为什么会发生这样的变化呢？这是因为小女孩的一再请求给小伙子造成了一定的心理压力，小女孩不断做出让步，作为回报，小伙子觉得自己也应该有所让步，而不能拒绝到底。因此，小伙子最终购买了两块巧克力。

在现实生活中，这样的策略也经常被使用，特别是在谈判的时候，一方常常会先提出近乎苛刻的要求，然后在这个要求的基础上，逐步进行退让，最终迫使对方也做出让步，从而实现自身的目的。因为，当你做出让步之后，就会给对方造成一定的压力，似乎是在告诉对方："我已经不再坚持我的要求，已经对你做出了让步，难道你就不能也做些让步吗？"结果当然是对方也做出一定的牺牲，促成了交易。这样，在相互妥协之中，先主动做出退让的一方会占据一定的优势，迫使对方退而求其次，答应你的要求。

某家化妆品公司派两名推销员去上门推销一种价格昂贵的新产品，结果第一名推销员空手而归，而第二名推销员却推销出去了10套。为什么会出现这么大的差距呢？

原来第一名推销员为了实现销售，使尽了浑身解数，苦苦劝说顾客购买自己的商品，但是绝大多数顾客都因为价格太高而婉言拒绝，而其他顾客也会因是新产品而心存顾虑，因此，推销失败。

第二名推销员知道销售这样一款价格昂贵的新产品，难度可想而知，于是他决定变通一下。他在上门拜访顾客时，先向顾客介绍另外一款更加高档和昂贵的化妆品，等顾客表示明确的异议之后，他才拿出自己真正要销售的这款化妆品，并说："既然您觉得那一款太过昂贵，这款化妆品在功能上和那款类似，但是价格会便宜很多，您是否考虑一下？"就这样，有一些顾客竟然真的认真考虑起第二名推销员推销的化妆品。第二名推销员在和顾客谈论商品的时候，主动做出让步，从而诱使顾客也对自己做出让步和牺牲，最终和自己达成交易。

在上面的案例中，第二名推销员采用的"先大后小、先难后易"的推销方式，确实能够起到意想不到的效果。

一般来说，最开始设置的起点越高，对实现退让效应越有效，因为这样对方可以让步的空间比较大。但在实际销售过程中，也要注意到，如果起点要求太极端、太过分，就会激起顾客的逆反心理，让顾客感到你说话太没谱，从而彻底失去对你的信任。因此，销售员如果要使用这个策略，一定要根据具体情况把握好分寸，使其对顾客的影响力达到最佳。

创新效应：打破常规，出奇制胜

人们在做一件事情之前，往往是按照自己固有的思维展开行动，这就是我们说的常规。常规隐藏在人们的思维和习惯里，自然而然就这么做了。然而，很多事情，按照常规的思路是很难有结果的。

历史上有很多不执着于常规的典型例子，进化论的创始者达尔文就是一个具有创新精神的人。在教会占统治地位，人们对上帝深信不疑之时，他敢于创新，从科学的角度阐述了自己独特的观点，尽管在当时不能为人接受，然而，最终却揭示了生物界发展的规律，达尔文自己也因此名垂千古。

人若是被定式思维和条条框框束缚，就等于束缚了自己的手脚。对于销售员而言，也经常会受到传统和经验的束缚。

一名保险销售员在向一位客户推销保险。当客户对保险产品的情况了解以后，却迟迟不做出购买决定。

对此，销售员说："现在，很多负责任的先生都会给自己的妻子和孩子购买人身安全保险，丈夫为妻子和孩子购买保险，可以让他们在发生意外时有生活保障，这是对妻子和孩子深沉的爱。这种爱也是一种责任，是一个男人、一个父亲的责任。我遇到很多先生在为他们的妻子和孩子购买保险时，都是毫不犹豫地签单。您为什么还要犹犹豫豫呢？"

客户听了以后，还是没有下定决心，慢慢地说："我当然是很爱我的妻子和孩子，这一点是毋庸置疑的，但关于保险的事情我想还是再等一段时间吧！"

销售员说："我相信您对妻子和孩子的爱，但您知道，爱是不能被动等待的。您要关心他们，就要时刻期望他们平安，而为他们购买人身安全保险就是对他们最大的关心。但是现在，您的妻子和孩子都没有安全方面的最高级的保障，这难道不是您作为一个丈夫和父亲的失职吗？"

这下客户彻底不淡定了，他的喉头动了两下，最终下定决心说："好的，我听从你的建议，这两份保险我都买了。"

销售员面对市场和客户要随机应变，在变通中求创新，不断挖掘潜在客户的需求。销售员要想顺利地把产品推销出去，就要主动了解决策者、使用者以及资深专家的建议等，深入了解客户的购买心理，只有持有这样的心态，才能成功引导客户，实现成交。

对销售员来说，你能不能吸引客户就看你会不会想办法。我们总是被一些和常规思维相反的做法吸引，就是因为每个人心中都有一种这样的心理——逆向思维让人感觉很独特。如果把这种逆向思维用在销售上，那么吸引客户也就不是一件难事了。

日本的著名寿险推销员原一平，在一次推销中采用了逆向思维法。他把目标锁定在了一个性格比较孤傲的客户身上。他已经拜访这位客户三次了，但是这位客户一直对他不理不睬。这一次，原一平实在是沉不住气了，于是对这位客户说："您真是个大傻瓜！"客户一听急了："你说什么，你敢骂我？"原一平立刻笑着对这位客户说："您别生气，我只不过是和您开个玩笑而已，千万别当真。只是，我觉得有些奇怪，您比利华公司的老板更有钱，可事实表明他的身价却比您高得多。因为，他购买了500万日元的人寿保险。"这位客户被原一平的话给激醒了，很快就决定购买800万日元的人寿保险。

因此，在工作中，销售员要拥有一颗求新求变的心，特别是对一些销售管理人员更是如此。有这样一种说法："换一个角度思考，你就是第一。"无论是在业务上还是在生活中，如果遇到困难，不妨换一个角度考虑问题，即使这个想法行不通，也总有一个方法是行之有效的。总之，换一个角度看问题，可能就是"柳暗花明"的局面。

美国商人艾弗森最初经营了一家香烟店，但开业之后一直门可罗雀，再不改变这种现状就只有关门大吉了。于是他决定冒险改变一下经营方法。

第二天，他在商店门口挂了一张大大的广告画，画上有一具恐怖的骷髅，旁边用鲜艳的颜色写着几行字："请不要购买本店出售的香烟，因为本店出售的香烟中的尼古丁、焦油含量比其他同类产品的高出1%，有人曾因吸了此烟而死亡。"

这个广告一经张贴，立刻吸引了很多人的注意，很多年轻人抱着试试看的心理都来买一包烟试试，甚至有些年轻人还把抽这种烟当作显示自己男子汉气概的方式。

就这样，艾弗森的香烟店起死回生了，并最终扩大了规模，成为拥有14家分店的连锁企业。

在上面的案例中，受好奇心和寻求刺激的心理的影响，很多顾客都想亲自体验一下这款香烟到底是怎样的，于是艾弗森取得了生意上的成功。

销售员需要创新，只有不断地吸收新的东西，并创造新的东西，才真正可以对抗那些传统的不良习惯。只有打破固有的思维方式，采取积极的策略才有可能收获更大的惊喜。

作为一名成功的销售员，要时刻相信自己的选择，一个获得成功的人，绝对不是随波逐流的人，也绝对不是一个不敢向传统宣战、不敢坚持自己的信仰和理想的人。

附录
APPENDIX

80后、90后顾客消费行为的特点

80后如今多已经成家立业，逐渐成为社会的中坚力量；紧随80后，被大众称为"玩得酷、靠得住"的90后也纷纷踏入社会……

80后和90后将是未来10年中国的消费主力，这几乎是所有商家的共识。很多品牌包括世界名牌，都正在将80后和90后确定为自身最大的目标客户。不难发现，80后和90后的消费观念、消费能力以及消费欲望，都已与他们的上代完全不同。

作为商家也好，销售员也罢，唯有真正地解读他们的消费心理，才可以把握未来时代潮流的发展趋势。

一、80后的消费特点

与社会上对80后的定义不同，我们这里主要指出生于20世纪80年代初期的80后。他们大都已经步入工作岗位，有独立的经济能力，并正在成为中国时尚消费的中流砥柱。

1. 新鲜、刺激

80后几乎是在质量参差不齐的海量广告的氛围中长大的，哪些广告是可信的，哪些是有水分的，他们内心自有判断标准，而且他们对自己的判断还是非常有信心的。他们喜欢新鲜、刺激的生活，对新产品的尝试永远充满了好奇心，也因此对某一产品的忠诚度一般。有时，为了自己喜欢的产品，他们会想方设法搜索各种可能得到的信息，这成为这一代人的显著标志。

2. 时尚、个性

80后成长于中国社会由计划经济向市场经济转变的发展时期，生活水平较之自己的父辈都有了较大幅度的提高，这也形成了他们非常个性、自我的性格特征。他们不满足于既有的标准化、模式化，崇尚个性化的消费观念。

3. 冲动、超前

80后消费观念冲动、超前，有时候即便经济条件不允许，他们也会受到自身情绪的强烈影响，而做出与自身收入不成比例的购买决定，因而他们是信用卡消费的主要人群。这一方面大大缓解了他们大手大脚的经济限制，同时也助长了他们超前消费的行为。

4. 喜欢淘小店

80后倾向个性型消费，他们忌讳和周围人用一样的东西，穿同款的服装。每个人都必须有自己独特的服装取向，他们的衣柜里往往既有攒了几个月工资买的名牌包包，也有大量小店淘来的便宜宝贝。每个人都有自己所钟爱的服装小店，服装店老板还会定期发短信告知他们新货信息。总之,名牌不等于首选,便宜也不会动心。

5. 热衷网络购物

对于80后,小到内衣、袜子、衣服,大到电脑、家具,任何东西都可以在网上买到。此外,他们去24小时便利店的次数也要比超市多。他们乐于接受方便、快捷、随时随地的服务。

6. 习惯"蹭"父母

没钱的时候父母赞助;月底口袋空了,去父母家蹭饭;四处看房看车,首付的钱父母会心甘情愿地拿出多年的积蓄支援。时下"四加二"的家庭模式,使80后养成了蹭父母的消费习惯,家庭的支持也助长了他们的消费信心。

二、90后的消费特点

这一代人,由于整个变革中的社会对他们的影响,普遍地早熟,他们从一开始,就乐意成为消费社会、技术时代的宠儿。

1. 从小就具备名牌意识

虽然90后大多数时间内还是穿着校服,但90后除了一些经济能力较差的家庭外,或多或少都有名牌相伴。他们是从小就具备名牌意识的一代。90后对情感性、炫耀性以及符号性价值的要求,远远超过了商品或服务本身的使用价值,只要看一眼如今电视上盛行的广告,就可以了解90后的品位。

2. 标榜自我，紧跟潮流

90后比任何一代人都更关心自己的感受、"自我"的实现程度和被关注程度。他们在众人面前屡屡口出狂言，穿着另类、张扬，目的就是要告诉人们：这就是我，我在这里！所以，他们这一代人太懂得跟上时代潮流，衣服要买潮牌，手机要功能齐全、款式新潮，电脑要时时更新不能落伍。流行就是资本。

3. 网购新贵

虽然在绝对人数上，90后略逊于80后，但喜欢网购确实也是90后区别于其他不同年龄段顾客的一个明显特征。在具体购买的产品方面，90后更喜欢去网上淘一些价格更便宜的相同款式的手机、化妆品或服装等。总的来说，在消费习惯上，90后希望能够一站购齐，而且产品外形要讨巧、可爱，所以商品需要持续不断的新鲜感才能保持品牌号召力。